Cosima Bellersen Quirini

100 besondere Orte in Celle

Fotos von Ulrich Loeper

Schadinsky Verlag

MIX
Papier aus verantwortungsvollen Quellen
FSC® C004592
FSC www.fsc.org

Originalausgabe

Umschlaggestaltung und Layout: Julia Kirschner und Carolin Deich
Lektorat: Wolfgang von Rekowski
Fotograf: Ulrich Loeper
Druck und Bindung: Firmengruppe APPL, aprinta druck GmbH & Co KG
ISBN: 978-3-9812133-3-1
Printed in Germany 2013

Grußwort von Susanne McDowell – Leiterin des Fachbereichs Kultur der Stadt Celle –

100 besondere Orte – in Celle, mit seiner durchaus überschaubaren Größe? Jawohl, die kann man finden, wenn man sich auf die Suche begibt wie Cosima Bellersen Quirini, ausgestattet mit einer guten Spürnase, Sachkenntnis, der Liebe zum Detail und vor allem mit einer großen Zuneigung zu dieser Stadt, von der manche allzu schnell meinen, sie in- und auswendig zu kennen. „Celle, die verträumte Fachwerkstadt am Rande der Lüneburger Heide" – ja, danke, dieser Titel ist lieb gemeint, wir fühlen uns aber nicht wirklich angesprochen.
In Celle sind viele scheinbare Widersprüche eine gute Symbiose eingegangen: Die Fachwerkstadt ist eine der wichtigsten deutschen Städte des Neuen Bauens, die Behördenstadt ein Wirtschaftsstandort von Weltgeltung, die historische Innenstadt ist wichtiger Ausstellungsort zeitgenössischer Kunst, die beschauliche Residenzstadt unterhält weltweit zehn Städtepartnerschaften und bietet Menschen aus über 100 Nationen ein Zuhause.
Warum ist das so? Geschichte besteht aus Geschichten, und Orte werden (in diesem Buch: zumeist) von Menschen geprägt. So lernen wir die eine oder andere Persönlichkeit kennen, die Celle zu dem gemacht hat, was es heute ist. Erstaunen ist vorprogrammiert angesichts der Vielzahl von Besonderheiten, die dieser Band vereint. Eine Tiefenbohrung (man verzeihe mir dieses Bild, das in einer Stadt der Erdöl- und Erdgas-Zulieferindustrie quasi auf der Hand liegt), die sich gelohnt hat. Für Neubürger und Alteingesessene, zum Immer-wieder-Nachlesen oder zum Verschenken, am besten an Menschen, die woanders leben, damit sie dann Lust bekommen, Celle zu besuchen und mit dem Buch unter dem Arm auf Entdeckungsreise zu gehen.

Viel Spaß dabei wünscht Ihnen

Susanne McDowell

Vorwort von Gabi Bauer
– Journalistin und TV-Moderatorin –

Celle ist meine Heimatstadt. Hier im Stadtteil Klein-Hehlen bin ich geboren und aufgewachsen. Spielte im Garten und an der Aller, später dann vor allem Handball beim MTV. Und legte mein Abi am Hermann-Billung-Gymnasium ab. Also: 18 schöne Jahre war ich in Celle zu Hause. Bisher dachte ich auch, ich kenne diese Stadt so gut wie meine ewig überfüllte Handtasche. Das alte Fachwerk und die Hinterhöfe, das Café Krämer, wo wir als Schüler – heute schüttelt´s mich bei dem Gedanken – vom Taschengeld „Negerkussbrötchen" gekauft haben. Das Schlösschen im Französischen Garten, wo früher Hofgärtner angesiedelt waren und inzwischen eine Kita sitzt, in der ich mein erstes Praktikum absolvierte. Den Knast, wie wir die JVA nannten, wenn wir über die alte Holzbrücke hinter dem Gefängnis radelten. Die Brücke ist weg. Die alten Geschichten sind geblieben: Uni gegen Knast zum Beispiel – warum die braven Celler zu Beginn des 18. Jahrhunderts gegen eine Universität und für die JVA stimmten. Das ist die Art von Story, die hier einfach jeder kennt. Genau wie die spannende Historie des Celler Schlosses, die Dramen um Liebe und Verrat, die sich darin abspielten. Und das wunderbare Bomann-Museum. Wo ich früher viele Sonntage verbracht und mich in alte Zeiten geträumt habe. Heute bin ich begeistert über das neue, sehr raffiniert gebaute und an die alten Bomann-Gemäuer angegliederte Kunstmuseum. Moderne Kunst. Toll in Szene gesetzt. Aber ich muss zugeben: Alles von Celle kenne ich doch nicht! Dass die Mutter des US-Präsidenten Roosevelt, Sarah Delano, mal Schülerin am Gymnasium KAV war? Dass der Texter Fritz Graßhoff-Hans Albers hat sein „Nimm uns mit, Kapitän, auf die Reise" berühmt gemacht – in Celle lebte? Sicher kenne ich das Bieneninstitut im Französischen Garten. Aber dass „Die Biene Maja", eines der meistgelesenen Bücher des letzten Jahrhunderts, in den 20er Jahren in einem Celler Verlag erschienen war? Dass der Platz hinter der Allerbrücke mal als Hinrichtungsstätte diente? Dass in Celle sogar mal in Sachen Uran geforscht wurde? Burgenreste? Jährliche Seifenkistenrennen? Ein Celler begründete die moderne Landwirtschaft? Alles nie gehört. Deshalb freue ich mich sehr über dieses Buch, das wirklich allen, Celle-Kennern und Neulingen, viel Wissenswertes, Überraschendes und Unterhaltsames bietet. Über die Stadt seit ihrer Gründung bis heute. Es ist ein spannendes, kurzweiliges Buch, mit dem Celle neu oder nochmal ganz anders zu erkunden ist. Ich wünsche Ihnen viel Freude dabei!

Ihre Gabi Bauer

Vorwort der Autorin

Die „Vermessung“ der Stadt Celle auf eine etwas andere Art – das will dieses Buch zeigen. Mehr als Reiseführer-Romantik oder Fachwerkflair, mehr als Hengstparaden und Welfenschloss. All das gehört zu Celle und hat der Stadt einen wohligen und prägenden Stempel aufgedrückt. Doch damit allein wird man dem Ort nicht gerecht. Celle ist die Residenzstadt, die im Barock mit französischer Bau-, Ess- und Hofkultur überschüttet wurde. Celle ist die Stadt, welche jahrzehntelang einer der größten Garnisonsstandorte des Deutschen Reiches war. Celle ist die Stadt, deren wirtschaftliches Leben immer wieder neue Zweige erfindet und dabei im Laufe der Zeit einige Turbulenzen, Höhen und Tiefen durchschritten hat und immer noch durchschreitet. Celle ist *die* Energiestadt und die Stadt, die wie jede andere auch in Deutschland das Erbe des Nationalsozialismus aufarbeiten muss. Celle ist aber auch die Stadt der Zuwanderer und die Stadt, in der Kunst, Bildung, Sport, Brauchtum und Lebensart ganz groß geschrieben werden. Straßen, Plätze und Namen zeugen von dieser langen urbanen Kultur, bezaubernde Grünanlagen, eine kulturlandschaftlich interessante Umgebung sowie wunderschöne Naturdenkmäler bilden einen reizvollen Rahmen und bieten damit Erholung, Zerstreuung und Anregung gleichermaßen. Auf Neugierige warten also viele neue Eindrücke: Die historischen Bauten der Stadt haben seit der Stadtgründung 1292 durch Herzog Otto dem Strengen sehr viele verschiedene Zeiten, Nutzungen und Besitzer erlebt. Die aufgeführten Faktoren haben der Stadt ihr heutiges Gesicht verliehen und dabei das Bild immer wieder verändert. Die kleineren und größeren Hinterlassenschaften jener Zeit und jedweder Art sind uns als Bewohner im Alltag wie als interessiertem Besucher so selbstverständlich wie größtenteils unbekannt. Es ist daher an der Zeit, einige historische und moderne Stätten, aber auch viele unscheinbare und kaum beachtete Schönheiten und Besonderheiten in Stadt und Stadtgebiet abseits der gängigen Beschreibungen zu entdecken und über dieses und jenes aufzuklären. Es ist an der Zeit, Celle vom feinen Heidestaub zu befreien und den Weg frei zu machen für eine neue und auch mal andere Sicht auf die Dinge. Entdecken Sie ein buntes und vielseitiges Kaleidoskop, welches die Alliance dieser Stadt, nordisch verliebt einerseits und von beinah südlichem Charme andererseits, mit freundlichem Blick einfängt! Für die Fotos zeigt sich der Celler Fotograf Ulrich Loeper verantwortlich – an dieser Stelle DANKE für diese wunderbaren Aufnahmen!

Dieses Lesebuch ist für Menschen geschrieben, die sich von Celle überraschen lassen wollen. Es ist für Alteingesessene und Neuzugezogene gleichermaßen lesenswert. Es ist für wissbegierige Gäste ebenso interessant wie für neugierige Touristen, (wehmütige) Ehemalige oder treue Liebhaber der Stadt. Es ist für Weltoffene und Schollenverhaftete, Stadtneurotiker und Landeier, Junge und Junggebliebene, Kinder, Jugendliche, Alte, Männer und Frauen, Kunstinteressierte und Naturbegeisterte, Weise, Unwissende und Wissende, Kopfmenschen und Bauchtypen

– kurz also einfach für alle, die mehr über diese Stadt wissen wollen! Damit Sie die Orte schnell und bequem finden, sind diese auf den hinteren Seiten auf Übersichtskarten markiert.

Viel Spaß beim Lesen wünscht Ihnen

Cosima Bellersen Quirini

PS: Die Wahl für diese 100 Orte war teils sehr schwierig, es gibt in Celle hunderte besondere Orte, und das Aussortieren der Kapitel oft von zähem Ringen begleitet. Aber der Titel ist Programm und gebietet eine begrenzte Auswahl – weitere Bände sind in Planung.

Für meine Kinder

Ortsübersicht

1 Das Bronzemodell der Altstadt

Celle zum Fühlen, Sehen und Begreifen

Wenn Sie mal zufällig vor dem bronzenen Altstadtmodell an der Stechbahn stehen, schließen Sie dabei die Augen und versuchen Sie, mit dem Modell allein und eins zu sein. Erkunden Sie dabei mit Ihren Fingerkuppen die Straßenzüge, ertasten Sie die Häuser, Kirchen, Plätze und Gassen. Was können Sie mit Ihren Fingern „sehen"? Was nehmen Sie mit ganz anderem Sinn als sonst üblich wahr, was erspüren Ihre taktilen Fähigkeiten?

Celle schmückt sich seit 1997 mit diesem ungewöhnlichen Bronzemodell, welches zum einen den „normalen" Blick auf die Celler Altstadt aus der Vogelperspektive, aber vor allem das „Sehen durch Tasten" ermöglicht. Letzteres ist der eigentliche Auftrag der bronzenen Blinden-Stadtmodelle des Bildhauers und Objektdesigners Egbert Broerken, geboren 1950 in Lippetal-Hovestadt. Angeregt durch Rotary Clubs, begann der Künstler, der nach einer Ausbildung zum Schriftsetzer an der Fachhochschule Münster Design studiert hatte, mit Schülern und Lehrern der Westfälischen Blindenschule in Soest eine optimale Tastbarkeit für Stadtmodelle zu entwickeln. Mit der Bronzegießerei fand er ein geeignetes Verfahren, wie er die feinen Beschreibungen in Brailleschrift (Blindenschrift) herausarbeiten kann. Die Modelle entstehen im Wachsausschmelz-Verfahren, einem alten Kunsthandwerk, das Detailtreue und Unverwüstlichkeit gleichermaßen garantiert.

Broerken, der in einem Renaissance-Wasserschloss in Welker lebt, gab mittlerweile seine über zwanzig Jahre andauernde Lehrtätigkeit an der Fachhochschule für Design in Dortmund auf, um sich ganz den Stadtmodellen zu widmen, die, im kleinen Maßstab modelliert, als Bronzeguss kopiert und auf Sockel gesetzt, meist urbane Kerne von alten Städten wiedergeben.

Das Celler Altstadt-Modell ist eine Spende der Rotary Clubs Celle und reiht sich in die mittlerweile über 50 Modelle des Künstlers ein, die in ganz Deutschland zu finden sind, beispielsweise neben Celle in Berlin, Bielefeld, Braunschweig, Halberstadt, Hamburg, Lübeck, Minden, München, Osnabrück, Stralsund oder Verden. In Münster stehen vier Bronzereliefs, die jeweils einen anderen Stadtteil zeigen. Auch Einzelmodelle stammen aus der Hand des Künstlers wie der Kölner oder Aachener Dom und die Klosteranlage zu Altenberg.

Durchschnittlich ein Dreivierteljahr arbeitet Egbert Broerken an einem Projekt, von den ersten Fotos der Gebäude und Häuserzeilen angefangen, dem Entwurf des maßstabsgetreuen Architekturmodells, der künstlerischen Gestaltung und Bearbeitung der Wachsmodelle bis schließlich hin zum Bronzeguss und den bildhauerischen Tätigkeiten am Sockel.

modell der

Weitere Infos: www.blinden-stadtmodelle.de
Standort und Navigation: Altstadt | Celle, Stechbahn

Das Accou

2 Das Accouchirhospital Am Heiligen Kreuz

Vom Entbindungshospital zur Gaststätte

Um 1785: Eine einfache junge Frau, ein Mädchen noch, alleinstehend, ledig und – schwanger. Sie irrt ängstlich durch die engen Gassen Celles und sucht die neue Gebäranstalt, in der sie in wenigen Wochen ihr Kind zur Welt bringen will. Das zurückgesetzte Haus mit der Backsteinfassade ist düster und dunkel, die Unterkünfte für die Schwangeren sind dürftig. Aber das Haus besitzt einen eigenen Gebärraum. Die junge Frau weiß, es bleiben nur Heimlichkeit, die Gosse oder dieses Haus. Woanders hat sie keine Möglichkeit zu entbinden. Doch hier, so hat sie gehört, kann sie einige Zeit trocken und warm wohnen, hier erhält sie Kost, Logis und einige Münzen in Form des Wochengeldes sowie das teure Taufgeld – ein Thaler und zehn Groschen sind es und in zwei Raten ausbezahlt.

Für Unterkunft und diskrete Entbindung muss sie dafür den angehenden Doktoren Wundärzten, Chirurgen, Anatomen und Hebammen nun Tag und Nacht zur Verfügung stehen. Meldet sie nach Aufnahme die Geburt zu spät an oder will sie gar heimlich in der eigenen Kammer entbinden, hat sie mit empfindlichen Strafen zu rechnen. Doch auch ohne Strafe drohen der Schwangeren bald qualvolle Stunden und Tage, schließlich sind die meisten Mädchen, die hilfesuchend vor der Tür stehen, nur „gefallene Dinger", Pack von der Straße und kaum den Lohn wert, den sie bekommen. Ihr eigentlicher Preis für die Doktoren ist nur ihr geschwollener Leib.

Verfügbar sein, den gewölbten Bauch für Anschauungszwecke zur Schau stellen und die Demütigungen dabei stumm erdulden, das alles diente einem höheren Zweck – dem Unterricht in lebendiger Lehre. Ziel war es für die angehenden Studiosi und Hebammen, die Geburtshilfe in situs zu erlernen, Untersuchungen und Praktiken zu üben (oftmals mit schmutzigen Fingern, die Lehre über Sepsis und Asepsis von Semmelweis, später „Retter der Mütter" genannt, war noch nicht bekannt).

Unterzeichnet wurde die „Verordnung wegen des künftigen Unterrichts der für das Fürstenthum Lüneburg bestimmten Hebammen im Cellischen Accouchir-Hospital" im St. James-Palast in London am 06.08.1784 von König Georg III. höchst persönlich. Gegründet hatte das Hospital einst der Arzt Johann Daniel Scheller, als dessen Direktor er auch 53 Jahre lang wirkte. Zudem war Scheller Gründer und Leiter des „Collegium Anatomico Chirurgicum", siehe auch S. 192.

Mitten in der Altstadt liegt das „Accouchir-Hospital" (französisch: accoucher = entbinden) heute noch. Es hat eine sehr bewegte Vergangenheit und ist doch den meisten nur durch die jüngere Zeit als Bierkneipe „Hannenfass" oder italienisches Bistro bekannt, denn durch die Medizingeschichte, die es einst geschrieben hat. Scheller bekundete übrigens in seinem 52. Amtsjahr die 3832. Entbindung in dritter Frauengeneration durch seine Hand.

Standort und Navigation: Altstadt | Celle, Am Heiligen Kreuz 5

3 Das Barocktheater

Und sieh, er hat sich neu verjüngt!

1674: Düfte, schwül und schwer, raschelnde Seide, dunkles Frauenhaar zu verspielten Löckchen gedreht, vor Aufregung flirrende Luft … gleich beginnt die erste Theaterpremiere im neu erbauten Theater in Celle! Éléonore Desmier d'Olbreuse schaut freudig zu ihrem Gatten Georg Wilhelm, Herzog zu Braunschweig-Lüneburg-Celle, auf. Er, der Liebhaber der Schauspielkünste, hatte die Idee gehabt, das Theater auf einem gekappten Wehrturm des Schlosses zu erbauen. Ohne ihn wäre das Projekt niemals zustande gekommen, doch ohne ihr Zutun erst recht nicht! Sie hat schließlich die feine Lebensart nach Celle gebracht und was lag näher, als der hiesigen Gesellschaft nicht nur Manieren und Esskultur beizubringen, sondern sie auch mit gehobener Kunst, Gesang und Schauspiel zu unterhalten? Dankbar blickt die fünfunddreißigjährige Éléonore, die kleine Tochter Sophie Dorothea fest an der Hand, im neu erbauten Theater um sich, als sie sich an der Seite Georgs nun hoheitsvoll und unter dem Applaus der Gäste, Höflinge und ihrer Familien in der mit rotem Samt ausgekleideten Fürstenloge niederlässt. Sie hat etwas geschaffen, das der Nachwelt erhalten bleiben würde! Das Theater ist ihr Werk!

1774 – 100 Jahre später: Schauspielvorführungen – ein Lichtblick in den Tagen des Exils. Die blutjunge dänische Exilkönigin und Ururenkelin Éléonores, Caroline Mathilde, hat mit Hilfe ihres Bruders Georg III. von England dem etwas angestaubten Theater zu neuem Glanz verholfen. Es erstrahlt neu in Gold und zartem Bleu, mit feinen Mustern und Motiven verziert, zeigen sich die weißen Säulen! Von nah und fern strömen die Menschen, Schauspieltruppen aus Bremen, Hannover und Braunschweig geben nun wieder ihr Stelldichein im Celler Schlosstheater. Dank Caroline und Bruder Georgs Finanzspritze blüht das Theater förmlich wieder auf!

2012 – 338 Jahre später: „Und sieh! Er hat sich neu verjüngt, ihn hat die Kunst zum heitern Tempel ausgeschmückt, und ein harmonisch hoher Geist spricht uns aus dieser edlen Säulenordnung an und regt den Sinn zu festlichen Gefühlen", so äußerte sich auch Schiller einst einmal zu einem Theaterbetrieb.

Nach zweijähriger Umbauzeit, gründlicher Renovierung, dem Einbau modernster Bühnentechnik und mit einem Kostenaufwand im zweistelligen Millionenbereich ist das barocke Schlosstheater von Grund auf neu saniert worden. Raus sind der rote Plüsch und der Mief der dreißiger Jahre des letzten Jahrhunderts, raus alles Überflüssige, was in der Vergangenheit unnütz verbaut wurde. Neu und uralt zugleich ist das Erscheinungsbild zu Zeiten der dänischen Königin Caroline Mathilde, tradiert der Wunsch nach gehobener Kunst sowie der Geist des Gründerpaares, welches sicherlich seine Freude daran hätte, dass das Celler Schlosstheater heute das älteste noch bespielte Barocktheater Deutschlands mit festem Ensemble und der unumstrittene kulturelle Mittelpunkt der Stadt ist! Willkommen im schönsten Theater Deutschlands!

Weitere Infos und Öffnungszeiten: www.schlosstheater-celle.de/spielplan
Standort und Navigation: Altstadt, Schlosspark | Celle, Schlossplatz 1

4 Die Stadtgrabenbrücke im Französischen Garten

Schlösser für ewige Liebe

Es braucht nicht viel, um einen Brauch, dessen sich mittlerweile in halb Europa die Liebenden bedienen, auch im Heideort Celle zu etablieren: Ein kleines Brückchen mit Geländer genügt! Hier ist es das Brückchen, welches den Eintritt zum Französischen Garten am Südwall hinter dem Café markiert. Ursprünglich wahrscheinlich um 1880 erbaut, hat es sich in letzter Zeit zum attraktiven Blickfang für Einheimische wie Touristen gemausert.
Angefangen hat die Sache möglicherweise mit Absolventen der Sanitätsakademie San Giorgio in Florenz, die damit das Ende ihrer Ausbildungszeit anzeigen wollten. Schnell hatten sich Liebende den Brauch nicht nur in Italien (Serbien nimmt beispielsweise für sich in Anspruch, den Brauch bereits seit Beginn des 20. Jahrhunderts zu bedienen) zu eigen gemacht und für sich auf ihre Weise umgesetzt. Seitdem sind die „Lucchetti dell'Amore", die Vorhängeschlösser, die Jung- wie Altverliebte an Brücken anbringen, um ihre Liebe mit einem Symbol der Ewigkeit zu krönen, allerorts zu finden. Die Schlösser, oft mit einer Gravur in Form von Initialen, Namen, Symbolen wie Blumen, Herzen oder Tieren sowie meist auch mit Datum versehen, werden am Geländer befestigt, den Schlüssel dazu müssen die Verliebten gemäß des Brauches anschließend ins darunter strömende Nass werfen – in Celle ist das der Stadtgraben – und dabei den Schwur sagen: Amore per sempre – Liebe für immer. Wer den Liebesbund wieder lösen will, muss buchstäblich ins kalte Wasser springen und wahrscheinlich lange nach dem richtigen Schlüssel suchen!
Da die Brückengeländer mancherorts leider sehr viel Schaden nehmen, ist der Brauch in vielen Gemeinden, vor allem in Italien, schon wieder verboten und teilweise mit hohen Bußgeldern belegt. Doch hier in Celle sehen die Stadtväter das noch recht gelassen. Man ist sich wie in Kiel oder Lübeck durchaus des fördernden Einflusses auf den Tourismus bewusst und manche Paare kommen gerne häufiger zurück zur Brücke, um sich ihrer ewigen Liebe wieder und wieder direkt vor Ort rückzuversichern.
Diana & Simon, Bettina & Holger, Serkan & Aleggy, Sarah & Konny, M & P sowie allen anderen Liebenden überall auf der Welt sei hiermit der Wunsch ausgesprochen: Amore per sempre!

Standort und Navigation: Altstadt, Französischer Garten, Eingang Südwall | Celle, Südwall, Arno-Schmidt-Platz

5 Die Weinhandlung Bornhöft

Nicht von gestern, sondern vorgestern

Zunächst stolpert man über zwei Inschriften und ein Buchstabenrästel, dann über den Wein und wenn man Glück hat, schließlich die Stufen zu einem Keller hinab. Aber der Reihe nach. Im Foyer der Weinhandlung Bornhöft lädt zunächst rechts ein Holzbalken zum Rätselraten ein, auf dem in einer Reihe zu lesen ist:

W.F.G.T.D.H.G.W.G.W.A.G.D.G.E.G.D.M.O.D.I.D.D.A.D.F.S.G.V.B.I.A.M.S.I.V.G.A.B.M.

Was das nur heißen mag? Bis heute ist das Geheimnis dieser Inschrift nicht gelöst, man kann nur mutmaßen: In der Schweiz bedeuten solche Buchstabenreihen oftmals gängige Bibelzitate oder weise Sprüche. Ein Balken mit lateinischer Inschrift (übersetzt: In dich setze ich meine Hoffnung, Gott. Dem Satan und der Welt entfliehe ich), ebenfalls im Foyer links zu sehen, galt lange Zeit als möglicher Restbalken des alten Franziskanerklosters, das einst „Am Heiligen Kreuz" gelegen war. Leider ist diese Idee widerlegt – der Balken passt nicht in die Zeit der Klostergründung. Auch hier ist also die Herkunft offen.

Vor lauter Rätseln nun schon ganz durstig, betritt man die ehemals königliche hannoversche Hofweinhandlung in Celle, das Weinkontor, welches seit 1828 besteht und sich von 1889 bis 1994 im Familienbesitz der Bornhöfts befand. Seitdem wird die Weinhandlung mit der Unterstützung der Erbengemeinschaft von Familie Surborg betrieben. Es hat sich in den Verkaufsräumen zur Straße hin seit Gründung nicht allzu viel verändert. Hier wird immer noch Wein verkauft, und zwar aus aller Welt, in allen Preislagen und allen Geschmacksrichtungen.

Ebenso idyllisch sieht es in den hinteren Gefilden aus. Gelangt man über die Eingangshalle zum lauschigen Innenhof, kann man sich dort, wo einst rege Geschäftigkeit herrschte, einen Schoppen gönnen und dazu einige Kleinigkeiten zu sich nehmen, um dann vielleicht gestärkt einen Blick in den alten Weinkeller und die dazugehörige Ausstellung werfen zu dürfen. In liebevoller Kleinarbeit wurde hier ein Bild geschaffen, das den Besuchern anschaulich das frühe Arbeitsleben in Weinkellern vermittelt, angefangen von Kerzenlicht, Leinenfiltern, die von der Decke hängen, bis hin zu knorrigen Schubladen, gefüllt mit Korken in allen Größen. Wieder oben, führt die Dame die Besucher in jene Räume, die historisches Zeugnis vom eigentlichen Weinhandel ablegen und wertvolle Exponate zeigen: Weinfiltrieranlage, Etikettenschrank, alte Likörflaschen oder mit Maschine getippte Belege und Preislisten. Eine Flasche Berncasteler Doctor gab's früher mal für eins fünfzig, den 36er Dürkheimer Feuerberg konnte man für achtzig Pfennige erwerben, einen 34er Beaujolais Fleurie für zwei Mark.

„Nicht das Gestern, sondern das Vorgestern wollen unsere Besucher erleben", ist dazu der heitere Kommentar der Dame, die so beschwingt und lebendig erzählt, dass man dazu nur beeindruckt nicken kann.

Besichtigungen: Weinmuseum von Mai bis September auf Anfrage, (0 51 41) 68 00, Frau Scheuring
Öffnungszeiten:
Weinhandlung: montags bis donnerstags 9.30 – 13.30 und 15 – 18.30 Uhr, freitags durchgehend 9.30 – 18.30 Uhr, Samstag durchgehend 9.30 – 18 Uhr
Weinstube: dienstags bis freitags 17 – 23 Uhr (Einlass nur bis 22 Uhr möglich), Samstag von 12 – 19 Uhr, montag geschlossen
Standort und Navigation: Altstadt | Celle, Zöllnerstaße 29

6 Skulpturen 1

Kunst im Stadtgebiet

An vielem in Celle geht man einfach so vorbei, auch an den Skulpturen, die im gesamten Stadtbild zu sehen sind. Dabei lohnt sich ein Blick auf alle…

Die 1944 geborene und in Hannover lebende Künstlerin Ulrike Enders hat die Skulptur „Fachwerkbalkenmann“ als Ergebnis eines Wettbewerbs 1991 geschaffen, am Platz „Kleiner Plan“ zu sehen. Sie nimmt damit Bezug auf die besondere Gestaltung mancher Giebel und Balken in der Stadt; die Bauweisen und Verzierungen der Celler Häuser dienten ihr als Vorlage, ähnlich den eingearbeiteten Gesichtern, überall an Häuserfronten sichtbar. Die Künstlerin verwendete als Materialien Kupfer, Bronze und Neusilber. Die Figur soll zum Verweilen einladen und weist gleichzeitig in die Straßen des mittelalterlich geprägten Ortes hinein.

„Kunst ist Leben, Leben ist Kunst“, so äußert sich Timm Ulrichs, der, 1940 in Berlin geboren, sich als Totalkünstler versteht. Seine Werke wollen Wahrnehmungsmuster und Weltsichten sensibilisieren und hinterfragen. So soll auch seine Plastik, der „überdimensionierte Blumentopf“ im Französischen Garten, verstanden werden: Etwas Statisches inmitten einer Naturlandschaft bewirkt ein von der Gewohnheit abweichendes Sehverhalten. Lässt sich der Betrachter auf die Idee ein, alles ist in Bewegung, alles ist veränderbar, so erfährt er im Bewusstseinsraum zwischen Sein und Schein etwas Neues.

1992 schuf der Worpsweder Bildhauer Waldemar Otto, der im März 1929 in Petrikau/Polen geboren wurde und einst Bildhauerei an der Berliner Hochschule für bildende Künste studierte, das Bronzedenkmal (Büste auf Säule) „Ernst der Bekenner“ vor der Stadtkirche, die Nachfolgefigur für eine Statue, die 1904 erschaffen und im Ersten Weltkrieg eingeschmolzen worden war. Die historische Figur brachte einst die Reformation nach Celle, daher findet sich auf der Büste die Inschrift „Das Wort sie sollen lassen stahn“ aus der Reformationshymne „Ein feste Burg ist unser Gott“. Die Schriftrolle soll an die reformatorische Bekenntnisschrift „Confessio Augustana“ erinnern, deren Unterzeichnung seinerzeit dem Herzog seinen Beinamen eintrug. Im Volksmund wird die Statue heute gern als „Heiliges Kanonenrohr“ bezeichnet.

Dem Künstler Klaus Duschat, 1955 in Südafrika geboren und niedersächsischer Nachwuchsstipendiat (Bildhauerei in Hannover und Berlin), verdankt Celle die beiden „Realen Skulpturen“, zwei monumentale Werke aus dem Industriematerial Stahl. Die Werke, ebenfalls inmitten des in englischem Stil angelegten „Französischen Garten“ zu sehen, erzeugen eine interessante und vom Künstler gewollte Spannung zwischen Natur und Kunst.

Von dem Künstler Otto Piene stammt das Werk „Feuerwerk“ am Bomann-Museum, zwei hoch aufragende grellrote Skulpturen aus Lack und Stahl, welche als künstlerisch besondere Note bei Nacht angeleuchtet werden und einen Lichtstrahl in den Himmel senden. Otto Piene erhielt 2003 den Weltkunstpreis. Er studierte Malerei und Kunsterziehung in München und Düsseldorf, später Philosophie, und gründete 1957 in Düsseldorf die einflussreiche Künstlergruppe ZERO.

Standorte und Navigationen:
Blumentopf und Reale Skulpturen | Altstadt, Französischer Garten | Celle, Wehlstr.
Fachwerkbalkenmann | Altstadt | Celle, Kleiner Plan
Bekennerbüste | Altstadt | Celle, Stechbahn
Feuerwerk | Altstadt | Celle, Kalandgasse

7 Das alljährliche Anrudern auf der Aller

Immer eine Handbreit Wasser unter dem Kiel

Gerudert wurde bereits in der Antike (eine Fortbewegungsmöglichkeit zu Wasser unabhängig von Wind), und wer sich historisch nun auf gewagtem Terrain befinden mag, die berühmten Galeeren aus den Asterixheften kennt doch jeder. Und auch damals wurde das Rudern bereits als Sportart betrieben.

Ganz so alt ist die Tradition in Celle noch nicht, doch diese Stadt und Rudern, das gehört zusammen wie Butter auf Toast – und das systematisch wenigstens seit Beginn des letzten Jahrhunderts, als 1906 das Schulrudern am „Königlichen Gymnasium", heute Ernestinum, begann. Jedenfalls haben einige der ortsansässigen Vereine (Celler Ruderverein, Ruderclub Ernestinum-Hölty, Ruderverein Hermann Billung und Ruderriege Kaiserin-Auguste-Viktoria-Gymnasium) eine über hundertjährige Geschichte vorzuweisen, teils eng verknüpft mit der gymnasialen Schulausbildung. Jedes der vier klassischen Gymnasien („KAV", Hölty, Billung, Ernestinum) nahm im Laufe der Jahre Rudern als Sportart mit auf den Stundenplan und daran hat sich bis heute nichts geändert. Aber selbst wenn nicht jeder hier Gymnasiast ist oder war, trotzdem war wohl beinah jeder, der in Celle lebt oder lebte, mindestens einmal in seinem Leben zum Rudern auf der Aller. Und wer sich nicht ins Boot traut, der kann trotzdem an dem lebhaften Ruderleben teilnehmen. Zum einen geht der Fluss mitten durch die Stadt und die Ruderer gehören zum täglichen Stadtbild. Zum anderen ist das alljährliche Anrudern unter Teilnahme vieler Gäste und Vertreter aus der Politik, welches traditionell am ersten Mai stattfindet, ein kleines Volksfest für jedermann/frau und zum Dritten schließlich gibt es im Herbst neben vielen anderen Veranstaltungen auch noch die Celler Ruderregatta. Wer dann immer noch nicht aufs Rudern gekommen ist, dem ist dann leider nicht mehr zu helfen. Es ist nämlich immer schön, dabei zu sein, wenn sich die Boote – vom Einer bis zum Achter – nach und nach formieren und nach einer kurzen Ansprache und dem offiziellen „So wünsche ich allen Ruderinnen und Ruderern immer eine Handbreit Wasser unter dem Kiel" schließlich im vertrauten Rhythmus Richtung Ziegeninsel fortbewegen. Besonders eindrucksvoll ist das Spektakel von der „Pfennigbrücke" aus zu sehen, hinter der sich die Boote sammeln. Genauso spannend ist das rege Treiben, das während der Celler Ruderregatta im Herbst an der Aller herrscht. Dann mag das Wetter nicht immer mitspielen, trotzdem sind dann alle auf den Beinen – vom ganz Kleinen bis hoch zu den ganz Alten, die teilweise schon längst achtzig Lenze überschritten haben. Dann gehen im Drei-Minuten-Takt die Rennen mit über 380 Booten vor der Ziegeninsel aus an den Start. Eine ungewöhnliche Besonderheit bietet der Ruderclub Ernestinum-Hölty an: Seit 1976 unterhält er eine eigene Herzsportgruppe. Regelmäßig montagabends kommen Betroffene (Herzinfarkt, Bypass, Herzschwäche, Herzschrittmacher u. ä.) oder einfach Menschen, die präventiv etwas für sich und ihr Herz tun wollen, zum Sportprogramm zusammen. Ihnen stehen eine speziell ausgebildete Übungsleiterin und ein Facharzt mit Rat und Tat zur Seite.

Weitere Infos:
cellerruderverein.de | www.rceh.de | www.hermann-billung.de

Standorte und Navigationen:
Ziegeninsel | Celle, Fischerdeich 3-5
Pfennigbrücke | Celle, Wittinger Straße oder Fritzenwiese
Herzsportgruppe | Celle-Altenhagen, Turnhalle der Albrecht-Thaer-Schule (BBS I), Reiherpfahl

8 Der jüdische Friedhof

Spurensuche im Hehlentor

Der Friedhof steht im Judentum für würdige Ruhe, ein Grab soll auf ewig unangetastet bleiben. Von sanfter Ruhe und wohltuender Stille durchflutet, liegt ein solcher mitten ins Hehlentorgebiet Celles geschmiegt, das gutbürgerliche Wohnviertel nördlich der Aller. Kaum jemand kennt ihn, obwohl die Mauern im Norden und Osten an bewohnte Gärten grenzen. Der Gottesacker mit seinen 288 Grabstellen, so scheint es, soll nicht aufdringlich wirken und besser nicht zu auffällig sein. Von großen Toren bewacht, durch Vorhängeschlösser geschützt und von einer roten, verwitterten Backsteinmauer umsäumt, darf er sich nicht allzu präsent geben. Von der Straße aus sind jedoch die Grabsteine weithin zu sehen, ein Besuch ist der Ort wert. Hin und wieder werden auch die Tore geöffnet, zum Tag des Denkmals beispielsweise, wenn Angehörige zu Besuch kommen oder das Gartenamt seinen pflegerischen Aufgaben nachkommt. Wer den Friedhof ansonsten betreten möchte, muss sich bei der jüdischen Gemeinde oder der Stadt die Erlaubnis dafür einholen.

Gut zwei Kilometer von der Synagoge im Stadtteil Blumlage entfernt liegt das Friedhofsgelände, welches Ende des siebzehnten Jahrhunderts den ursprünglich fünf Celler Schutzjuden, welche sich mit ihren Familien und dem dazugehörigen Gesinde wenige Jahre zuvor mit herzoglicher Erlaubnis dort niedergelassen hatten, zugewiesen worden war. Der älteste Grabstein datiert aus dem Jahr 1705, der letzte von 1953. Eine Einfriedung und ein kleines Wächterhaus wurden zum Schutz errichtet, 1911 die von dem Celler Bauhaus-Architekten Otto Haesler entworfene Friedhofshalle erbaut. Wächterhaus und Halle wurden 1974 wieder abgerissen, da das Hochbauamt seinerzeit die Friedhofshalle nicht als Baudenkmal anerkannte.

Viele Jahre von den Stadtvätern kaum beachtet und dafür leider immer wieder Ziel von Vandalismus und Zerstörung, steht der Friedhof heute für über zweieinhalb Jahrhunderte jüdischer Kultur- und Kunstgeschichte in Celle.

Die Grabsteine, vorn sind lateinische und hinten hebräische Schriftzeichen eingemeißelt, geben in dieser idyllischen Lage Zeugnis darüber ab, wer im Laufe der Zeit hier seine letzte Ruhestätte fand. Traditionelle Bildsymbole und jüdische Grabornamentik weisen darauf hin, welchen jüdischen Familien die Bestatteten einst zugehörig waren. Die gefalteten Hände weisen auf Familiennamen wie Cohen, Katz oder Kahn hin, ein Krug auf Namen wie Levi, Lewin, Löwe oder Löwenthal. Auch weitere Symbole sprechen: Der Magen David (Davidstern) steht als Sinnbild für das Judentum schlechthin, eine geknickte Blüte oder ein Baumstumpf symbolisieren „aus der Blüte des Lebens gerissen", ein Palmzweig steht für den Glauben an Wiedergeburt und Unsterblichkeit.

Standort und Navigation: Hehlentor | Celle, Am Berge/Hügelstraße

9 Das Luftbrückendenkmal

Wietzenbruchs Platz in der Weltgeschichte

Der Stadtteil Wietzenbruch gehört nicht zu Celles feinsten Gegenden und wird gerne auch mal respektlos als „Wietzenbronx“ betitelt. Doch von dem Ort aus wurde einmal ganz große Politik betrieben. Denn hier war und ist heute noch der Heeresflugplatz aus dem Jahr 1936 gelegen. Die „Gummiwiese“, wie das Flugfeld von den Piloten früher aufgrund des moorigen und oft nassen Bodens, der seinerzeit nur unzureichend befestigt werden konnte, bezeichnet wurde, war während des Zweiten Weltkrieges Luftfahrtschule, später Stützpunkt der britischen Alliierten und wurde schließlich schnöde zur Abstellfläche für Möbel und Panzer degradiert. Doch dann kam die Berlin-Blockade: Aus sowjetischer Sicht waren die Westalliierten im Bezug auf das Potsdamer Abkommen vertragsbrüchig, und so sperrten sie kurzerhand vom 24. Juni 1948 bis 12. Mai 1949 sämtliche Straßen und Eisenbahnverbindungen nach West-Berlin. In dieser Zeit musste die Bevölkerung Berlins mittels Flugzeugen versorgt werden – es entstand die „Berliner Luftbrücke“.

Man entsann sich neben zwei weiteren Standorten eilig des eingemotteten Flugplatzes in Celle, der eine strategisch überaus günstige Lage vorwies: sehr kurze Distanz zu Berlin und direkt am mittleren Luftkorridor gelegen. Kurzerhand wurde der Flugplatz zur „RAF Station Celle“ befördert und mit britischem Oberkommando in US-amerikanische Verwaltung übergeben. Für die Durchführung der Versorgungsflüge musste der Flugplatz ausgebaut werden und bekam unter anderem einen Gleisanschluss mit einer etwa 300 Meter langen Verladerampe und direkter Anbindung zum Flugfeld sowie eine befestigte Start- und Landebahn. Kohle und Lebensmittel, zum Schluss waren es 1000 Tonnen, wurden von da aus täglich zur eingeschlossenen Bevölkerung Berlins geflogen. Von dieser großen und historischen Bedeutung des Fliegerhorstes Celle zeugt heute noch das weithin von der Straße aus sichtbare Luftbrückendenkmal, das, etwas kleiner und unscheinbarer als die beiden Denkmäler in Berlin und Frankfurt am Main, an die Versorgung der Berliner durch die Luftbrücke erinnert. Es wurde am 24. Juni 1988, exakt 40 Jahre nach Beginn der Blockade, mit Vertretern der Stadt und Gästen aus Deutschland, den USA, Großbritannien und Frankreich feierlich eingeweiht.

Standort und Navigation: Wietzenbruch | Celle, Fuhrberger Landstraße, Kanaltrift (Straße zum Fliegerhorst)

10 Kleine Kirchentour

Ein Blick auf die alten Stadtteilkirchen

Die nachstehend beschriebenen Kirchen gehören zu jenen Gotteshäusern in Celle, die teilweise auf eine über tausendjährige Existenz zurückblicken können und lange vor Einzug der Reformation im Cellerland bereits hier standen. Sie sind besonders erwähnens- und sehenswert – aufgrund ihres Alters, ihrer historischen Bedeutung oder einfach um ihrer Schönheit willen.

Die Ursprünge der Gertrudenkirche in Altencelle werden um 900 n. Chr. vermutet. Der jetzige Baubestand stammt aus dem 15. Jahrhundert. Im Innern befinden sich ein Prozessionskreuz und ein gemauerter Taufstein, beide ins erste Drittel des 13. Jahrhunderts datiert, zudem ist darin ein spätgotischer Schnitzaltar von 1509 zu sehen.

Die Geschichte der Blumläger Kirche St. Georg beginnt um 1392, als der Bischof von Hildesheim den Bau eines Hospitales vor der damaligen Stadtmauer genehmigte, um es dann dem Heiligen Georg zu weihen, welcher zu den vierzehn Nothelfern zählt. Das eindrucksvolle steinerne Relief des Heiligen befand sich einst am Giebel des Hospitals und ziert seit 1963 den Seiteneingang der Kirche. Die Holztafelbilder datieren um 1500, von 1657 stammen der Altar, Kanzel und Taufstein, 1892 kam der Turm dazu.

Besonders anmutend ist die Kirche St. Cyriakus in Groß Hehlen, die im 13. Jahrhundert erbaut wurde, deren Ursprünge jedoch bereits um 990 n. Chr. datiert sind. In den Außenmauern ist teilweise noch der romanische Ursprung erkennbar. Bei Restaurierungsarbeiten 2007 sind alte Fresken, möglicherweise aus dem beginnenden 16. Jahrhundert, entdeckt worden, ebenso alte Wandmalereien, die Weihekreuze darstellen. Der Turm stammt aus dem Jahr 1634. Im verwunschenen Pfarrgarten stehen noch alte Grabsteine.

300 Jahre lang stand eine Fachwerkkirche auf dem „Harburger Berg" als Nachfolgerin der einstigen Liebfrauenkapelle, die, einem Hospiz zugehörig, bereits im 13. Jahrhundert Kranken, Armen, Pilgern und Reisenden Schutz bot. Die Fachwerkkirche wurde als Begräbnis- und später als Garnisonskirche genutzt. Dann verfiel sie zusehends, bis sie in den Fünfzigerjahren für die Kirchengemeinde Klein Hehlen wieder entdeckt und in die nach ihr benannte Bonifatiusstraße als Stadtteilkirche St. Bonifatius versetzt, aufgebaut und gründlich restauriert wurde. Die Kanzel stammt aus dem Jahr 1659, der Altar aus dem Jahr 1690. Der „Heidjer"-Turm wurde mit Handstrichziegeln aus einer regionalen Ziegelei nach historischem Vorbild geschaffen, der Taufenegel, seit 1957 eine Dauerleihgabe des Bomann-Museums, stammt aus der Zeit um 1720. Ganz unauffällig zeigt sich die absolut sehenswerte, winzig kleine Markuskirche im Garßener Ortsbild, deren Ursprung in der Mitte des 14. Jahrhunderts liegt. Sie hat eine wechselvolle Geschichte von Zerstörung durch Krieg und Brand hinter sich, ihr heutiges Aussehen stammt vom letzten Wiederaufbau 1747. Sehenswert sind das Kruzifix aus dem 16. Jahrhundert und das Altarbild, geschaffen von dem Wienhäuser Künstler Herbert Blasek.

Standorte und Navigationen:
Gertrudenkirche Altencelle | Celle, An der Gertrudenkirche
St. Georg Blumlage | Celle, Kreuzung Blumlage, St. Georg-Garten und Braunschweiger Heerstraße
St. Cyriakus Groß Hehlen | Celle, Lange Straße
St. Bonifatius Klein Hehlen | Celle, Bonifatiusstraße
Markuskirche Garßen | Celle, Quellweg

11 Die Burgenanlagen in Altencelle

Frühmittelalterliche Spuren vor der heutigen Stadt

Drei Burgen lagen einst an einer Strecke von nur zweieinhalb Kilometern in der Nähe von „Kellu", später „Tsellis" genannt, der Vorgängersiedlung der heutigen Stadt Celle im Stadtteil Altencelle: die Brunonenburg, die Nienburg und der Ringwall in Burg. Die bislang durch mehrere Grabungen gewonnenen Erkenntnisse verweisen teils auf die Zugehörigkeit zu umgebenden Ansiedlungen und eben jenem frühmittelalterlichen Ort mit Kirche (die Gertrudenkirche steht heute noch) und möglicherweise einem Hafen. Bauliche Überreste und Fundstücke von Alltagsgegenständen (im Bomann-Museum und im Landesmuseum Hannover zu sehen) dokumentieren, dass die städtischen Überreste mitsamt den Burganlagen zu den bedeutendsten frühmittelalterlichen Kulturdenkmälern der näheren Umgebung und ganz Niedersachsen zählen. Ihr herausragendes Potential lockt immer wieder Archäologen hierher, um die exakte zeitliche Einordung sowie die tatsächliche räumliche Ausdehnung weiter zu erforschen.

Die Datierung des Burger Ringwalls wird im 10. Jahrhundert vermutet. Einst auf einer Sanddüne in den unzugänglichen Niederungsgebieten der Fuhse gelegen, diente die leicht oval geformte und etwa 70 x 85 Meter große Anlage wahrscheinlich als Fluchtburg. Ihr oblag auch die Sicherung (vor allem vor Angriffen allzu eroberungswütiger Ungarn) einer nahe gelegenen Siedlung und möglicherweise einer Furt durch die Fuhse, letzteres ist jedoch unter Fachleuten umstritten. Der ursprünglich cirka drei Meter hohe Wall bestand aus Plaggen (durchwurzelter Oberboden) und Holzversteifungen, die Bebauung aus Toranlage mit Erdbrücke und drei Häusern in Pfostenbauweise; die Bauten mit nachgewiesenen Herd- und Feuerstellen waren in mehrere Räume unterteilt. Ein sechs Meter breiter und zwei Meter tiefer Graben führte rund um den Wall und war am Grund ebenfalls mit Plaggen befestigt. Literarisch verewigt ist der Wall in Hermann Löns Roman „Der Werwolf", die Handlung spielt im Dreißigjährigen Krieg.

Die Gründung der Brunonenburg vermuten Forscher im Jahr 986 n. Chr., historisch ist dies jedoch noch nicht hundertprozentig abgesichert. Sie geht möglicherweise zurück auf Bruno VI., Markgraf von Kaiser Otto III.. Andere Quellen weisen auf Heinrich I., der die Anlage umschließende und in Resten noch erkennbare Wall wird hierzulande auch als „Heinrichswall" bezeichnet. Heute liegt auf dem Grundstück eine Hofanlage. Es sind Fundamentreste von mehreren Gebäuden aus drei Bauphasen von 916–936, um 1000 und um 1300 nachgewiesen: steinerner Wohnturm und Palas, mehrere Häuser mit Ofen- und Brunnenresten, Kapelle mit Friedhof und Grabresten. Brandspuren lassen die Vermutung zu, dass die Anlage durch Feuer vernichtet wurde.

Die Nienburg nahe der Aller stand wahrscheinlich auf einem eckig-ovalen Plateau von etwa 150 x 80 Metern und war natürlichen Ursprungs, möglicherweise ist es eine Sanddüne. Sie diente wohl einst als Befestigungsanlage. Manche Forscher vermuten dahinter auch ein Kastell Karls des Großen, was bislang jedoch noch unbelegt ist. Auch eine Verwendung als Verteidigungsstellung im Dreißigjährigen (1618 – 48) oder Siebenjährigen Krieg (1756 – 63) ist denkbar, 1749 wird die Anlage als „Alte Schanze" betitelt.

tandorte und Navigationen:

ingwall bei Burg Celle | Zum Burgwall, nach dem Umspannweg links halten, lanach ca. 100 m Fußweg

runonenburg Celle | Kalandstraße 2, Hof Schulz-Wallheinke

ienburg Celle | Bleckenweg 84 (Hinweisschild), von da ca. 100 m Fußweg

12 Die Fischerei Nölke

Was darf es sein? Aal oder lieber Forelle?

Er ist derzeit der Letzte seiner Zunft in Celle! Dabei blickt Hans-Friedrich Nölke auf eine über zweihundert Jahre währende Familientradition zurück, auf die er zu Recht mächtig stolz sein darf. „Meine Vorfahren haben den Fisch bereits nach dem Siebenjährigen Krieg (1756 – 1763) an die Franzosen verkauft“, so hört man ihn gern berichten, wenn er seine Ladentüre öffnet und Gäste auch mal hinter die Kulissen der Ladentheke schauen lässt. „Die haben nur leider die Häuser und Fischerhütten hier an der Fritzenwiese niedergebrannt, damit sie ein besseres Schussfeld über die Aller hatten.“

Man mag es sich vorstellen, wie schwierig der Neuanfang für seine Vorfahren, deren Frauen so schöne Namen trugen wie Maria Elisabeth, Christina Sophia oder Maria Sophia, gewesen sein mag. Bis heute obliegt der Verkauf, wenn die Männer zum Fischen unterwegs sind, den Frauen, die nicht nur dafür, sondern auch für Außerhausbestellungen und vieles andere mehr zuständig sind.

Das Fischerhaus, in dem der Betrieb seit 1789 untergebracht ist, steht auch heute noch. Betritt man das kleine Geschäft, ist man augenblicklich von der langen Geschichte, der ungewöhnlichen Atmosphäre und dem feinen Räucherduft, der vom Räucherofen herüberweht, angenehm gefangengenommen. In dem alten Steinofen, der übrigens genau so alt ist wie die Familientradition, wird immer noch mit einer besonderen Mischung aus Erlen- und Buchenholz geräuchert, Holzsorten, welche dem Fisch eine delikate Räuchernote verleihen. Nicht umsonst gehören der regelmäßige Besuch des Fischereibetriebes und Kauf von leckerem Räucherfisch bei vielen Cellern zum längst lieb gewonnenen Wochenendritual.

Beim traditionellen Kolkausfischen der Altstädter Schützengilde (Kolk ist eine Vertiefung am Grund strömender Gewässer, besonders tief hinter Stauwehren) am Aller-Stauwehr (Mühlenkolk), sind die Nölkes übrigens auch stets dabei – und stets erfolgreich. Auch wenn Sie ansonsten mit Schützenfesten nicht viel am Hut haben, hier können Sie den echten Flussfischern mal beim Auslegen des Netzes zuschauen.

In der Aller fischt der Berufsfischer Nölke nach Aalen. Auf 45 Kilometer Flussstrecke darf der Berufsfischer seine Reusen auslegen. Ein idyllischer Arbeitsplatz, an dem man nicht nur Fisch- und Seeadler beobachten, sondern auch seltene Pflanzenarten entdecken kann, wie zum Beispiel Wollgras und Sonnentau.

Vor etwa 70 Jahren wurde die Flussfischerei um eine Teichanlage ergänzt. Hier tummeln sich seitdem Karpfen, Forellen, Schleie und Hechte und ergänzen das Angebot im Fischladen – egal ob es geräuchert, filetiert oder grün sein darf.

Weitere Infos: www.nölkesfisch.de
Öffnungszeiten: freitags 9 – 18 Uhr, samstags 9 – 13 Uhr.
Termine des Kolkfischens und die Sonderöffnungszeiten vor Feiertagen zu erfragen unter: (0 51 41) 90 85 27
Standort und Navigation: Altstadt Blumlage Celle | Fritzenwiese 51

13 Magazin und Werkstätten des Bomann-Museums

Der eigentliche Kern des Museums

Die Aufgaben eines Museums sind Sammeln, Bewahren, Forschen und Ausstellen und, so lernt es heute noch jeder Student, der Kern eines jeden Museums ist sein Depot. Das Depot des Bomann-Museums nennt sich Magazin und residiert inklusive der Restaurierungswerkstätten (und ohne weitere diverse Außenstellen) auf über 1.500 Quadratmetern an der Mühlenstraße in den umgebauten Räumen der ehemaligen Ratsmühle. Es verwahrt auf meterhohen Regalen um die 500.000 Objekte, die allesamt sorgfältig fotografiert, dokumentiert und per Computer erfasst sind. Jedes Exponat, von der Pillendose bis zum Panzerschrank, bekommt Nummer und Platz zugewiesen. Nur so können die Sachen wiedergefunden werden. Hunderte Ofenplatten sind beispielsweise im „blauen Turm", dem ehemaligen Silo der Mühle, magaziniert. Bilder haben einen eigenen Raum und hängen auf hintereinander gebauten, beweglichen Stellagen. Auf einem Regal liegt Siegelstempel an Siegelstempel von mancher Handwerkerzunft, ein anderes zeigt Kaufmannswaagen oder Schilder. Einige Räume bergen nur Porzellan, andere Möbel, in Kartons lagern Konvolute, sortierte und unsortierte Sammeleien jedweder Art von Büchern, Fotos, Briefen, Postkarten, Orden, Schmuck, Arzneimitteln, Verbandszeug, Werkzeug, Knöpfen, Skulpturen, Spielzeug bis Kochgeschirr. Hinzu kommt ein eigenes Depot für die Aufbewahrung von Textilien.
Das Bomann-Museum ist ein Museum für niedersächsische Volkskunde und die Landes- und Stadtgeschichte Celles. Es ist das größte kulturgeschichtliche Museum in Niedersachsen. Gegründet wurde es 1892 als „Vaterländisches Museum" mit Sitz in der Bergstraße. Sein Gründer und erster Museumsdirektor war Wilhelm Bomann, Spross einer Wollgarndynastie. Seine Leidenschaft galt dem Sammeln von bäuerlichen und städtischen Gebrauchsgegenständen. Das Museum wuchs rasch und bezog 1907 den Neubau am heutigen Standort am Schlossplatz. 1923 gab Bomann die Leitung des Museums ab, im gleichen Jahr wurde es auf seinen Namen umgetauft. Es umfasst Sammlungen zu Ur- und Frühgeschichte, zur Militär- und Landesgeschichte (u. a. Ehrenhalle der Hannoverschen Armee) sowie zur Handwerks- und Industriegeschichte, bäuerlichen Kulturgeschichte und bürgerlichen Kulturgeschichte der Stadt Celle. Außerdem besitzt es eine große Sammlung an Kostümen und Trachten. Neben moderner Kunst beherbergt das Museum außerdem die Stiftung Miniaturensammlung Tansey (siehe auch Seite 114), sowie die Eberhard-Schlotter-Stiftung.
Im Museum ist also sehr viel zu sehen, doch längst nicht alles! In der Regel finden weniger als zwanzig Prozent des Gesamtbestandes den Weg in Ausstellungen, der Rest wird sorgsam aufbewahrt. Mehrmals im Jahr öffnet das Depot seine Pforten und der Museumsdirektor führt durch die dem Publikum normalerweise verborgenen und nicht zugänglichen Hallen. Dann dürfen Sie Einblick nehmen und vom Geburtsstuhl bis zur Leichenkutsche restlos alles, was menschliches Leben in irgendeiner Form dokumentiert, entdecken.

Standort und Navigation: Am Rand der Innenstadt | Celle, Mühlenstraße 14

14 Die sprechenden Laternen

Einzigartige Lichtart auf dem Globus

Wenn Sie in der Innenstadt plötzlich von einer Laterne mit der Stimme von Lilo Wanders angesprochen werden, dann befinden Sie sich zweifelsfrei in Celle! Nirgendwo auf der Welt ist es sonst bislang möglich, Laternen sprechen zu lassen. Legt die zweite Laterne auch los, erkennen Sie möglicherweise die Stimme von Stefan Westphal, der als Moderator und Autor bekannt ist. Der dritten Laterne hat Gerlach Fiedler, der Schauspieler, Schriftsteller und Synchronsprecher (unter anderem des „Krümelmonsters" aus der Sesamstraße und 2010 verstorben), seine Stimme geliehen. Die vierte gehört zu Oliver Vollmering, vielen bekannt als Radiomoderator, die letzte zu einem Celler Jungen namens Jonas Pache-Brunsch, der bei einem Kinderstimmen-Casting für die kleine Laterne ausgewählt wurde. Lilo Wanders (eigentlich Ernst-Johann Reinhardt), bekannt als Schauspieler und Travestiekünstler, hat übrigens 1955 in der Landesfrauenklinik zu Celle das Licht der Welt erblickt. Sie/er war wohl das größte Baby, das je in dem Gebäude geboren wurde, nämlich 59 Zentimeter lang. (siehe auch S. 192).
Fünf Laternen also, eine „Oma" (Wanders), eine „Perfekte" (Westphal), eine „Dicke" (Gerlach), ein „Langer Lulatsch" (Vollmering) und ein „Kind" (Pache-Brunsch) bilden das ungewöhnliche Laternen-Quintett, welches Leuten, die in seine Nähe kommen, freudig und beredt Geschichten über Celle erzählt.
Die Idee dazu entstand im Rahmen der LICHTART und wurde zum Jubiläum „150 Jahre Gaslaterne", unterstützt durch viele Sponsoren, umgesetzt. Die Laternen, auch als Lichtfiguren betitelt, stehen seit 2008 in der Celler Altstadt. Sie haben einen Metallkorpus und einen leuchtenden Kopf mit dem typischen „Laternenhut" der frühen Gaslaternen des 19. Jahrhunderts. Witzig ist dabei auch die silhouettenhafte Darstellung der fünf Charaktertypen. Bewegungssensoren lösen die Redelust aus – entweder allein oder in Interaktion miteinander. Die Stimmen starten, sobald sich jemand in die Mitte der Laternengruppe stellt. In einem benachbarten Geschäftshaus ist die dafür notwendige Elektronik installiert, die per Zufallsgenerator eine der gespeicherten Geschichten auswählt. Nach Ende einer Sequenz kommt eine dreiminütige Pause, bevor die Stimmen erneut aktiviert werden können. Tagsüber erzählt sich das Quintett kurze Geschichten, Fakten oder Anekdoten über die Celler Altstadt und gibt auch mal witzige Sprüche zum Besten. Am Abend werden die vorübergehenden Passanten gern gegrüßt und mit einem Gutenacht-Ständchen beglückt. Zu besonderen Anlässen sprechen auch gelegentlich zwei der Laternen „live". Dann versteckt sich einer der Sprecher in der Nähe und unterhält sich über Funk mit den Passanten. Gefertigt wurden die Laternen von den Hildesheimer Lichtdesignern Matthias Schiminski und Peter Schmitz. Die gesprochenen Texte stammen aus der Feder von Celler Bürgern.

Sprechzeiten der Laternen:
Tagesprogramm: 10 – 13 Uhr und 15 – 18.30 Uhr | Abendprogramm: 18.30 – 21.30 Uhr
Standort und Navigation: Altstadt Fußgängerzone | Celle, Runde Straße

15 Dammaschwiese und Thaers Garten

Über alte Schweineweiden und den Eselsweg

Will man der Historie Glauben schenken, ist die „Dammaschwiese“ bereits 1292 bei der Stadtgründung von Herzog Otto dem Strengen als Geschenk an die neuen Celler Bürger ausgewiesen worden. Hier durften sie sich von Arbeit und Alltag erholen und ihre Schweine weiden lassen, und in der Tat, das Gebiet an der Oberaller ist ein Idyll mitten im Stadtgebiet. Der Turm der Stadtkirche eint die angrenzenden Häuser mit dem träge dahinfließenden Fluss, der besonders von Ruderern gern für ihre Zwecke genutzt wird. Ausgedehnte Spaziergänge auf der „Seufzerallee“ (Celler Jargon) an den Tennisplätzen vorbei oder auf dem „Eselsweg“ führen am Wasser entlang. Dort finden Sie auch „Thaers Garten“, das ehemalige Wohnhaus, Landschaftspark und landwirtschaftliches Mustergut des Arztes (erste Massen-Pockenimpfung in Celle) Albrecht Daniel Thaer, der, 1752 in Celle geboren, heute als Begründer der modernen Landwirtschaft gilt. Der Legende nach ließ dieser den Weg entlang auf einem Eselskarren Milch in die Stadt transportieren, daher der Name. Das Haus selbst, ein eindrucksvolles Herrenhaus, hat eine wechselvolle Geschichte: Es war neben Wohnhaus einst auch Kaffeewirtschaft, Gasthaus mit Bierausschank und Tanzsaal, SS-Quartier und Schulungsheim, Reservelazarett und schließlich wieder ein Wohngebäude. Seit 2010 ist „Thaers Garten“ Sitz der Niedersächsischen Gedenkstättenstiftung, die es sich unter anderem zur Aufgabe gemacht hat, Opfern des Nationalsozialismus zu gedenken und ihre Lebensgeschichten zu bewahren.

An „Thaers Garten“ vorbei gelangt man in die Obere Allerniederung, ein abwechslungsreiches Naherholungsgebiet, das sich von der Stadtmitte aus ungefähr vier Kilometer südwärts bis nach Altencelle erstreckt.

Seit 1848 ist die ehemalige Weide, die Dammaschwiese („Danne“ = Schweineweide) entwässert und wird im Winter zur Freude aller Eislaufliebhaber komplett geflutet. Ganz Celle ist dann auf dem Eis, ein beinah paradiesisch schöner und völlig ungefährlicher Spaß für die gesamte Familie ist garantiert, da das Wasser unter dem Eis kaum kniehoch ist. Egal ob man seine Runde im Sonnenlicht drehen möchte oder abends den Eishockeyschläger schwingen will – untermalt mit Musik, die Stände mit kulinarischer Versorgung im Blick und die Fläche von der Sonne bestrahlt oder bei Dunkelheit mit Flutlicht beleuchtet, beim Eislaufen auf der Dammaschwiese wird ein Wintermärchen wahr.

Standort und Navigation: Allerniederungen zwischen Altstadt und Hehlentor, Wege direkt an der Aller entlang | Celle, An der Dammaschwiese

16 Der Celler Dickstiel

Was ein Apfel mit dem Heilpflanzengarten zu tun hat

Als Expo-Projekt im Jahre 2000 erschaffen, ist den meisten Menschen in Celle der Heilpflanzengarten längst ein Begriff. Auf 7.000 Quadratmetern zwischen Dammaschwiese und Wittinger Straße gelegen, zeigt er von März bis November über 300 verschiedene Pflanzen aus aller Welt. Mit oder ohne Führung, es ist ein Genuss, die wunderbar vielfältige Flora zu entdecken oder die angebotenen Themenfeste zu besuchen. Ein Rundgang führt zu Duft-, Gewürz-, Färber-, Kräuter- und Aromapflanzen, man kann sich dabei von Gift- und „Zauber“pflanzen berauschen lassen, mit Farbbeeten auseinandersetzen, die Pflanzen der Kneippschen-, der Leisener- oder der Hildegard von Bingen-Lehren studieren und einen Besuch in Laden und Café „KräuThaer“ erwägen. Diese gehören beide zum Ausbildungskonzept der zweijährigen Fachschule Albrecht Thaer, benannt nach dem Begründer der modernen Landwirtschaft, der 1752 in Celle das Licht der Welt erblickte. Die Fachschule zählt zur traditionsreichen Landfrauenschule, aus der die einzige „Fachschule für Landtourismus und Direktvermarktung“ in Deutschland hervorging. Die angebotenen Produkte sind größtenteils von den SchülerInnen im praktischen Unterricht ausprobiert und hergestellt worden.

Was jedoch kaum noch jemand weiß: Celle ist eine alte „Apfelstadt“ und im Heilpflanzengarten stand bis vor kurzem noch – wie in vielen Privatgärten immer noch heute Vertreter stehen – ein Baum der feinen Apfelsorte „Celler Dickstiel“.

Der „Celler Dickstiel“, mancherorts auch „Woltmanns Renette“ oder „Krügers Dickstil“ genannt, wurde um 1850 in Mecklenburg aus der Taufe gehoben und kam von dort aus nach Celle. Der Apfelbaum wächst bis zu vier Meter hoch, die Früchte gelten als ausgezeichnete Tafel- und Wirtschaftsäpfel mit weißem Fleisch und würzig-blumigem Aroma – sehr fein, sehr süß, sehr saftig. Die mittelgroßen, eher runden Äpfel habe eine grüngelbe, leicht marmorierte Schale, die auf der Sonnenseite gestreift ist. Sie sind ab Oktober genussreif und können bis März gelagert werden. Die Früchte lassen sich auch gut zu Apfelmus oder -saft weiter verarbeiten. Wer einen neuen Garten anpflanzen möchte, sollte sich vielleicht überlegen, ob diese Apfelbaumsorte nicht gut hineinpassen würde, ebenso wie der einst in Celle gezüchtete „Schieblers Taubenapfel“, siehe auch S. 104. Beide Sorten sind im Handel noch zu bekommen.

Der „Celler Dickstiel“ war übrigens 2002 Apfel des Jahres.

Und wer keinen Garten sein Eigen nennen kann, dem mag der Heilpflanzengarten für manche Spaziergänge oder Ausflüge genügen – ein wunderbarer Ort nahe der Aller, in dem alljährlich im Herbst auch ein Apfelfest stattfindet.

Weitere Infos: www.cafe-kraeuthaer.de
Öffnungszeiten:
Heilpflanzengarten: März bis November täglich von 10 – 18 Uhr, Eintritt frei, Führungen bis 20 Personen 50,00 Euro.
Café KräuThaer/KräuThaer Laden: mittwochs bis sonntags 14 – 18 Uhr.
Standort und Navigation: Hehlentor | Celle, Wittinger Straße 76

17 Die Bauhaussiedlungen und das Otto-Haesler-Museum

Architektur auf Weltniveau

Was den Berlinern Mies van der Rohe oder den Dessauern Walter Gropius bedeutet, das ist der Architekt Otto Haesler für Celle. Ja, doch, man darf ihn ruhig in einem Atemzug mit so berühmten Namen aus Kunst und Design in Verbindung bringen, gilt er schließlich neben diesen Vertretern des Bauhauses als bedeutender Architekt des „Neuen Bauens", eines Baustils, der in den zwanziger und dreißiger Jahren des 20. Jahrhunderts seinen Siegeszug begann. Otto Haesler ersann sozusagen den sozialen Wohnungsbau und schuf damit bezahlbare, praktische und verbesserte Wohnformen für Leute mit kleinerem Geldbeutel – die von ihm entworfenen Wohnungen galten in der Weimarer Republik als so preisgünstig wie komfortabel. Er setzte seinen Stil, besonderes Kennzeichen sind unter anderem die nach dem Sonnenstand ausgerichteten Flachdächer, in seinen späteren Celler Jahren (insgesamt war er von 1906–1933 hier ansässig) als freischaffender Architekt konsequent um und verhalf damit der damals etwa 25.000 Einwohner zählenden Stadt Celle zu einem Ruf, der den Vergleich mit Berlin, Kassel oder Frankfurt nicht zu scheuen brauchte. In der Zeit entstanden mehrere Bauhaussiedlungen, im Volksmund alsbald „Klein-Marokko" genannt: 1924 „Italienischer Garten", 1925 „Georgsgarten" und 1928 die Siedlung „Galgenberg/Blumläger Feld". Zu den international zehn wichtigsten Bauwerken des Bauhausstils zählt heute die Altstädter Schule, welche 1927/28 ebenfalls von Haesler erbaut wurde. Mit dieser so genannten „Glasschule" und dem danebenstehenden Rektorenhaus wurde Celle seinerzeit zum Mekka für Fan des Stils „Neues Bauen". 1930 kam das 350 Quadratmeter große Ernestinum-Direktoren-Wohnhaus dazu, welches heute als Kunst-Galerie genutzt wird.

In der Siedlung „Blumenläger Feld" ist das Otto-Haesler-Museum untergebracht, das sehr anschaulich original erhaltene und eingerichtete Bauhauswohnungen zeigt, ebenso das Wasch- und Badehaus von 1931, dem 156 Wohnungen zugeteilt waren, sowie eine rekonstruierte Flüchtlingsunterkunft von 1945 und eine Arbeiter-Wohnung im Stil der 50er Jahre des zwanzigsten Jahrhunderts. Haesler hat in Celle viele Spuren hinterlassen, nicht nur im Stil „Neues Bauen". Einen Stadtplan, in dem die wichtigsten Haesler-Arbeiten (Umbauten, Bauten) verzeichnet sind, finden Sie im Internet unter: otto-haesler-stiftung.de/Haesler-Stadtplan.

Öffnungszeiten Museum: An jedem ersten Sonntag eines Monats von 15–18 Uhr, Sondertermine sind möglich, zu erfragen unter (05141) 34884, Eintritt frei.
Standorte und Navigationen: Blumenläger Feld und Museum | Celle, Galgenberg oder Rauterbergweg 1
Italienischer Garten | Celle, Italienischer Garten
Sankt Georg Garten | Celle, Sankt-Georg-Garten
Direktorenhaus (Galerie) | Celle, Mangusstraße 5
Standort Glasschule (Altstädter Schule) | Celle, Sägemühlenstraße 9

18 Der Schlosspark

Exotische Baumflora in historischer Kulisse

Wissen Sie, wie eine Flatterulme aussieht, eine Sumpfzypresse oder ein Taschentuchbaum? Nein? Hier finden Sie Antworten!
Der knapp sechseinhalb Hektar große und frei zugängliche Celler Schlosspark ist berühmt für seine exotische Baumvielfalt. Hier können Sie in Ruhe und mit der großartigen Kulisse des Celler Schlosses vor Augen spazieren gehen, dabei Ihre botanischen Grundkenntnisse erweitern und sich an Exotik pur erfreuen. Kaum jemand schenkt nämlich den fremdländischen Naturdenkmälern viel Aufmerksamkeit, dabei sind sie eigentlich gar nicht zu übersehen. Die Sumpfzypresse mit ihren Luftwurzeln, selten genug hierzulande, hat immerhin einen Umfang von drei Meter zwanzig, der Taschentuchbaum, im Norden gelegen und botanisch korrekt Davidia involucrata benannt, trägt Blüten, die wie weiße Taschentücher aussehen. Sie finden im Südosten des Parks eine kaukasische Flügelnuss sowie einen Zuckerahorn und einen Urweltmammutbaum, den Metasequoia glyptostroboides. Auch Amberbaum, ebenso wie Ginkgo und Zerreiche, haben hier ihre Plätzchen, im nördlichen Teil stehen eine Papierbirke, Betula papyrifera, und eine Götterbaum. Insgesamt über 50 besondere Baumarten laden zu einem botanisch äußerst bemerkenswerten Rundgang ein. Kleine Schilder kennzeichnen die Bäume und vermitteln dem Betrachter entsprechende Infos.
Der Schlosspark war das ursprüngliche Gebiet von Schlossbefestigung mit Wall und Graben, die Anlage wurde ab 1784, beginnend an den westlichen Bastionen, und bis 1827 fortsetzend geschleift, das Material größtenteils in den ursprünglich sehr breiten Schlossgraben verfüllt. Die Bäume wurden anschließend neu gepflanzt, eine Pappelallee diente fortan als Promenade und Rundumweg. Als englischer Landschaftspark konzipiert, wurde der Schlosspark (er gehörte seinerzeit zur Sommerresidenz der Welfen) zwischen 1847 und 1866 nach den Plänen des Hannoveraner Garteninspektors Schaumburg angelegt. Neben den Bäumen fällt eine Bronzeskulptur noch besonders ins Auge: der berühmte Hengst Wohlklang (mit seinem Betreuer Günter Nagel) in der „Freiheitsdressur“. Anlässlich des 250-jährigen Jubiläums des Landgestüts 1985 wurde die Skulptur, eine Gabe der Sparkasse, im Schlosspark platziert. Hengst Wohlklang, 1965 als Dreijähriger in die damals noch in Westercelle gelegene Hengstprüfungsanstalt aufgenommen, galt ob seiner Schnelligkeit als einer der besten Hengste des Celler Landgestüts. Bald fiel auf, dass das Tier gerne auch mal auf zwei Beinen stand, sich gut reiten ließ und Prüfungen mühelos bestand. Talent und Können führten ihn und Nagel nach London und dort begeisterte das Tier ebenfalls das Publikum – woraufhin die Queen Ross und Reiter zur privaten Vorführung nach Windsor einlud.
Gehören Sie zur Sorte besonders dendrophiler Menschen, können Sie sich zudem weitere exotische und einheimische Bäume anschauen, siehe auch S. 154. Im Französischen Garten beispielsweise finden Sie unter anderem einen Geweihbaum, eine Mähnenfichte und eine Tränenkiefer.

Führungen durch den Schlosspark nach Anmeldung:
Fremdenverkehrsamt, (0 51 41) 123 50
Standorte und Navigationen:
Schlosspark Altstadt | Celle, mehrere Zugänge von Lenthestraße, Kanzleistraße, Thaerplatz, Mühlenstraße und Schlossplatz.
Französischer Garten Rand Innenstadt | mehrere Zugänge über Südwall, Wehlstraße, Maulbeerallee oder Magnusstraße

19 Das Atelier des Künstlers Fritz Graßhoff

Schlager versus Halunkenpostille

Von 1946 bis 1967 lebte der Autor und Maler Fritz Graßhoff (Jahrgang 1913) in Celle in der Bahnhofstraße. In seinem bis heute bestehenden Atelier, das inmitten eines idyllischen Gartens liegt, schuf er in jenen Jahren einige seiner bekanntesten Liedertexte wie „Nimm uns mit, Kapitän, auf die Reise", einst gesungen von Hans Albers – und dessen berühmtestes Lied. Er dichtete seinerzeit für viele weitere namenhafte Interpreten, sie alle verhalfen ihm dabei zu großer Bekanntheit.

Graßhoffs Ruhm gründete sich lange auf diese eingängigen Schlagertexte, die für ihn Mittel zum Zweck des Broterwerbs waren: „Davon lebe ich, damit ich schreiben und malen kann, was mir Spaß macht!" war sein Credo. Auf die Frage, was für ihn der Unterschied zwischem einem Song und einer Ballade sei, antwortete er, es sei der gleiche Unterschied wie zwischen einer Spitzen- und einer Matrosenbluse. Das Dichten sicherte seinen Lebensunterhalt, doch damit lebte er seine Leidenschaften aus: malen, zeichnen, schreiben, übersetzen und reisen. Ob Südschweden, Griechenland oder Türkei, stets brachte er sich geistig verwertbares Material von den Reisen, die oft monatelang dauerten, mit, Bilder und Zeichnungen beispielsweise, die Texte des schwedischen Nationaldichters Carl Michael Bellman oder Passagen aus römischen und griechischen Werken, die er jeweils ins Deutsche übersetzte. Sein letztes Werk dazu war die Übersetzung des römischen Satirikers Martial.

Seine lyrischen Texte jedoch, geprägt von Kriegserlebnissen, erzielten weniger Erfolg, umso mehr neben den Schlagertexten die teils derben und frechen Balladen und Moritaten wie in der „Halunkenpostille" niedergeschrieben und vielfach vertont wurden. Graßhoff war als Autor und Maler gleichermaßen begabt, über zwanzig Gedichtbände stammen aus seiner Feder, die erste Kunstausstellung gab er in der Kestnergesellschaft in Hannover. Es folgten andere in Köln, Duisburg und Hamburg. Auch hier fanden die Kenner zum Vergleich berühmte Namen. Als Einzelkämpfer und Nonkonformist in der Kunstwelt ziemlich verschrien, hielt er sich jedoch von allen Vereinsmeiereien fern und pflegte eine noble Distanz zum „Betrieb". 1980 veröffentlichte er seinen autobiographischen Roman „Der blaue Heinrich" und niemand scherte sich darum. Da kehrte er, den die Liebe einst nach Celle verschlagen hatte, siebzigjährig Deutschland den Rücken und wanderte nach Kanada aus, wo er bis zu seinem Tode im Februar 1997 wohnen blieb. Dort „von allen meinen sogenannten Heimaten, vermutlich nun mehr meiner letzten, dürfte mir diese am meisten zusagen", widmete sich der Künstler überwiegend der Malerei. Am Ufer des Hudson Rivers fand er seinen inneren Frieden – und sein langes Schaffen schließlich auch den angemessenen Platz in Literatur und Kunst. „Wohlan, ich bin kein Zuckerbäcker, sondern ein Brotbäcker in Hemdsärmeln, der mit Humor, Satire und Gesellschaftskritik würzt"...

Bücher und CDs (Auswahl): Halunkenpostillen; Der blaue Heinrich; Unartige Lieder; Graßhoffs unverblümtes Lieder- und Lästerbuch; Seeräuberreport; Hört mal her, ihr Zeitgenossen; Bellmann auf Deutsch; Durch alle Himmel, alle Gossen; Martial für Zeitgenossen; Jubiläumsband zum 100. Geburtstag (Herausgeber Joachim Kersten/ Stadt Celle): Flaschenpost mit Weltgeist: Gedichte in 13 Kapiteln von Fritz Graßhoff, Arche Verlag

Standort und Navigation: Neuenhäusen | Celle, Bahnhofstraße 4

20 Das Neue Rathaus

Zeugnis der ehemaligen Garnisonsstadt

Lange Flure, laute Stimmen, Stiefelknechte vor den Stubentüren…
Als das Neue Rathaus noch Heidekaserne und, ganz korrekt, „Große Infanterie-Kaserne", hieß, gab es darin weder Teppichboden noch schallisolierte Fenster und der Bau beherbergte Bataillone des traditionsreichen Hannoverschen Infanterie-Regiments Nr. 77, die im Volksmund liebevoll als „Heideregimenter" tituliert wurden. Diese kämpften seit 1866, dem Beginn des Deutschen Krieges (Preußisch-Deutscher Krieg) für das Königreich Preußen gegen den „Deutschen Bund" unter der Führung Österreichs. Zunächst in einer kleinen Kaserne und teils auch in Privatquartieren untergebracht, bezogen die Bataillone ab September 1873 ihr Quartier, das in den Jahren von 1869 bis 1872 auf dem Gelände „Wildgarten" (heute heißt eine Straße in der Nähe wieder so) errichtet worden war. Der Bau, 181 Meter lang und viereinhalbgeschossig auf 25 Metern bis Firsthöhe gebaut, bot Raum für 1.200 Personen in 300 Räumen. Die Mannschaftsräume hatten ein Ausmaß von fast sechs auf neuneinhalb Metern für jeweils 24 Soldaten, die in drei übereinander angeordneten Betten in Reihen untergebracht waren. Die Seitenflügel waren den Offizieren und deren Familienangehörigen vorbehalten.
Die Heidekaserne galt als die zweitgrößte Kaserne im Deutschen Reich. Sie wurde in wechselvoller Geschichte und mit nur kurzen Unterbrechungen (zum Beispiel im Dezember 1918, als die Demobilisierung erfolgte) bis zur neuen Nutzung als Rathaus als Garnisonsstandort genutzt. 1999, nach umfassenden Umbau- und Sanierungsarbeiten, hat die Stadtverwaltung ihren Sitz dahin verlegt.
Ein Ehrenmal, in den frühen Zwanzigerjahren von dem schlesischen Bildhauer Hans Dammann geschaffen und von ehemaligen „77ern" gestiftet, befindet sich im Stadtgarten direkt vor dem Rathaus. Das Mahnmal zeigt einen knieenden und bis auf einen Stahlhelm unbekleideten Soldaten, der in seiner Rechten ein Schwert hält. Ursprünglich als Denkmal für das „Hausregiment" geschaffen, mahnen mehrere Gedenktafeln auch an die Toten beider Weltkriege.
In Celle gab es alles: Infanterie, Kavallerie und Artillerie. Zu den Spuren der Zeit als große Garnisonsstadt (ab 1617, als Herzog Christian 50 Reiter und 200 Fußgänger anwerben ließ) gehören auch: Torhaus und die alte Exerzierhalle, die 77er Straße, der Langensalzaplatz, die berühmte Cambridge-Dragoner-Kaserne des 3. Dragoner-Regiments des Herzogs von Cambridge und des Westfälischen Kürassierregiments (heute: CD-Kaserne mit vielerlei Nutzung), Garnisonskirche, Offizierskasino (heute: Stadtpalais), das Garnison-Museum, einige Denkmäler sowie die „Freiherr-von-Seeckt-Kaserne", welche einst eine „Nebel-, Lehr- und Versuchsabteilung" beherbergte.

Standorte und Navigationen: Altstadt, Innenstadt, Stadtrandlage
Rathaus, Exerzierhalle, Soldaten-Denkmal, Denkmal für die Schlacht bei Langensalza | Celle, Am Französischen Garten 1
Garnisonskirche, Offizierskasino | Celle, Langensalzaplatz 1
Museum | Celle, Hafenstraße 4
CD-Kaserne | Celle, Hannoversche Straße 30 – 32

21 Storchennester

Auf unsren Wiesen gehet was, watet durch die Sümpfe…

„Wenn Maria (26. März) sich verkündet, dann Storch und Schwalbe heimwärts findet“. So lautet die alte Bauernregel und tatsächlich kommen sie meist zwischen Anfang März und Mitte April. Sie suchen sich ein Nest, legen bald darauf ihre Eier ab. Und ist der Nachwuchs endlich da, fängt bekanntlich die Arbeit erst richtig an.
Dabei gibt es manch' harten Kampf auszufechten. Nicht nur nasskaltes Wetter macht es den brütenden Storchenpaaren um diese Zeit manchmal noch schwer. Manche sehr junge und unerfahrene Eltern verlassen, gestört durch Regen und Kälte, die Brut, Jungvögel sterben durch die Nässe, andere Storchenpaare müssen in wilden Storchenkämpfen ihren Platz behaupten.
In der Stadt und im Landkreis sind derzeit einige, auch neu besetzte Nester verzeichnet und in manchen Jahren sieht man die tagaktiven Schreitvögel wochenlang auf den Wiesen und Äckern in und um Celle, vor allem auf den Allerwiesen, bei Adelheidsdorf oder Bockelskamp, und das Schnäbelklappern ist mancherorts zu hören. Dort suchen sie, Störche sind Karnivore und fressen hauptsächlich Fleisch, nach Fischen, Fröschen, Kaulquappen, Schlangen, Eidechsen, Wühlmäusen, Maulwürfen, Hamstern, großen Insekten wie Heuschrecken und ja, auch der Verzehr von Wieseln, jungen Ziegen und Katzen ist wohl belegt.
Storchenbeobachter reden hierzulande bereits von einem regelrechten Storchenboom, die Anzahl der Vögel nimmt kontinuierlich zu. Manche gefiederte Besucher sind dabei kaum drei Jahre alt und längst noch nicht brutreif, doch sie schauen sich hier schon mal um. Viele von ihren kehren dann im darauffolgenden Jahr an den Ort zurück, an dem sie übersommert haben, um dann die Familiengründung aktiv anzugehen. Eine andere Bauernregel besagt: „Gertrud (17. März) bringt die Störche her, Bartholomäus (24. August) macht ihre Nester wieder leer“, und spätestens Ende August zieht Familie Storch tatsächlich weiter gen Süden.
Obwohl der Zug der Weißstörche berühmt ist, zählen Störche nicht zu den Zugvögeln, auch wenn der Weißstorch gern mal für den Hin- und Rückweg in die afrikanischen Winterquartiere 20.000 Kilometer zurücklegt. Lust auf einen Ausflug, dabei Störche beobachten und das alte Kinderlied summen?
„Auf unsrer Wiese gehet was, watet durch die Sümpfe, es hat ein weißes Röcklein an, trägt auch rote Strümpfe, fängt die Frösche, schwapp, wapp, wapp, klappert lustig, klapperdiklapp! Wer kann es erraten…“

Weitere Infos: www.stoerche-celle-gifhorn.de

Standorte und Navigation von Nestern:

Celle:

zwischen Fritzenwiese und Nordwall; in Altencelle Alte Dorfstraße 20 a und im Oelmannsweg 1, ganz neu: Altencelle-Burg, Eiklint

Im Landkreis:

Ahnsbeck (Spritzenhaus), Dasselsbruch (Dorfmitte), Flackenhorst (Trift), Großmoor (Kirche), Hohne (Kirche), Hornbostel (Bäckerei Segelke), Jeversen (Hof Hemme), Langlingen (Gut Mylius), Nienhagen (Schafstallweg), Offensen (Hof Luttermann), Oldau (Deutscher Hof), Wienhausen (Kloster), Winsen (Schlachterei Kleinschmidt) und Wolthausen (Pferdehof Gatzke), seit März 2013 auch in Beedenbostel (ehemaliges Küsterhaus).

22 Das Triftdenkmal und die Grabstätte auf dem Waldfriedhof

Mahnende Erinnerungen an das Celler Massaker

8. April 1945, ein warmer, sonniger Frühlingstag in Celle. Die Stadt ist bislang von Bomben verschont geblieben. Gegen 17.45 Uhr jedoch heulen plötzlich Luftschutzsirenen auf. Über einhundert amerikanische Bomber sind im Anflug und eines der dunkelsten Kapitel der Stadtgeschichte, welches später euphemistisch als „Hasenjagd" in die Annalen der Stadt eingehen soll, nimmt seinen fatalen Lauf. An jenem Tag waren etwa 4.000 Inhaftierte und Zwangsarbeiter, Männer, Frauen und Jugendliche, eingepfercht in Güterwagen, in Celle „geparkt". Am Tag zuvor waren sie zu einem Räumungstransport zusammengezogen worden. Bevor der Zug seine Fahrt fortsetzen konnte, kam es zu dem Bombenangriff, der unzähligen Häftlingen und vielen zivilen Anliegern das Leben kostete. Jene von ihnen, die den Bombenangriff überlebten, entkamen ins nahe gelegene Waldgebiet oder suchten Zuflucht in Häusern, Gärten oder Lauben. Die einmalige Chance zu nutzen, den Peinigern zu entkommen, der Wunsch, dem quälenden Hunger Einhalt zu gebieten oder nur nach ordentlicher Kleidung zu suchen, trieb jene den Einwohnern Celles direkt in die Arme. Die hatten sich einem eilig zusammengestellten Suchtrupp aus Polizei, Volkssturm, Wehrmacht und SS-Einheit angeschlossen, der umgehend den Befehl erhielt, die Häftlinge ausfindig zu machen und festzunehmen. Wer plünderte, Widerstand leistete oder flüchtete, sollte erschossen werden. Bis tief in die Nacht gellten Schüsse und Schreie durch die Stadt, um Mitternacht waren die meisten der überlebenden Häftlinge wieder eingefangen und zusammengetrieben. Die Suche nach weiteren Überlebenden hielt einige Tage an, manchem Häftling gelang es trotz allem, sich, bis Rettung durch die Alliierten nahte, versteckt zu halten. Nur die wenigsten von ihnen erfuhren Hilfe seitens der Bevölkerung, wie etwa neun Häftlinge im katholischen Krankenhaus Sankt-Josef-Stift. Cirka 500 der Eingefangenen mussten nach Gefangennahme nach Bergen-Belsen marschieren, Schwache wurden von der SS erschossen. Einige weitere wurden vor Ort in ein improvisiertes Konzentrationslager gesteckt, fern von ausreichend Verpflegung oder ärztlicher Versorgung. Britische Truppen fanden am 12. April 1945 Hunderte von extrem geschwächten Menschen, Sterbenden und Toten vor. Historiker benennen für den Tag der Befreiung insgesamt nur etwa 1.500 Überlebende des Transports.

Seit 1992 erinnert in den Triftanlagen ein von dem Bildhauer Jonny Lucius aus Bad Neuenahr geschaffenes Denkmal mit einer Inschrift an die Toten jener Tage – die Inhaftierten, Zwangsarbeiter und zivilen Bombenopfer. Es besteht aus einem auf Kies gebetteten stählernen Quadrat, welches an den endlosen Leidensweg der betroffenen Menschen erinnern soll, sowie einer Rotbuche, welche aus der Mitte herauswächst. Sie symbolisiert die Hoffnung auf eine menschlichere Zukunft.

Mehrere Ruhestätten auf dem Waldfriedhof mahnen an die Opfer des Zweiten Weltkrieges – mit und ohne Namen.

Standorte und Navigationen:
Triftanlagen | Celle, Bahnhofstraße, Fuhsestraße
Waldfriedhof | Celle, Ententeich

23 Der Königsplatz in Lachtehausen

Wo sich die höfische Gesellschaft zum Picknick traf

Es bedarf schon etwas Fantasie, um sich vorzustellen, dass hier einst einer der Lieblingsorte der höfischen Gesellschaft gewesen sein soll: Der „Königsplatz" in Lachtehausen zeigt sich nicht von seiner prunk- oder prachtvollen Seite, sondern ist mitten im Wald ein stiller Ort, der eine dunkle Blockhütte vorweist – und sonst nichts. Ach, und wenn schon! Lassen Sie sich doch einfach darauf ein und wandern Sie mal in Ruhe durch den ehemals „königlichen Forst" (zu Zeiten der Personalunion Hannovers mit England gleichzeitig kurfürstlich-hannoversches und königlich-englisches Hoheitsgebiet), den „Hohen Weg" entlang, der durch einen Schlagbaum die Durchfahrt für Autos und anderes motorisiertes Gefährt versperrt. Am besten starten Sie auf dem Parkplatz stadtauswärts kurz hinter Lachtehausen und gehen bis zur dritten Abzweigung links, dort in den Wald hinein, bis zu einer wunderschön gelegenen Lichtung, welche die große Blockhütte dominiert. Und nun lassen Sie Ihrer Fantasie freien Lauf...

Es ist ein warmer und sonniger Sommernachmittag. Vielleicht ist Sonntag. Die edlen Herren treffen hoch zu Pferde ein, die Damen in glänzenden Kutschen. Schöne und edle Gewänder tragen sie alle zusammen, hoch toupierte Frisuren zieren die Häupter der feinen Ladies, Puder liegt über Haut und Haar. Intensiver Parfümduft entströmt den fein ziselierten Kapseln, welche die spitzenumsäumten Dekolletés zieren. Ein Fächer in der linken Hand sorgt für etwas Wind (und verbirgt die schlechten Zähne). Jungen in allen Größen tollen mit Hunden in allen Größen durchs hohe grüne Gras, die üppig gelockten, in weiße Kleidchen gewandeten Mädchen sitzen sittsam zusammen, kichern und flechten dabei feine Blütenkränze. Ein Zeremonienmeister fordert das anwesende Künstlervolk auf, die Gäste mit Spiel und Narretei zu erfreuen, das Personal breitet Picknickdecken aus und deckt auf, es fehlt weder an Speis noch Trank. Die Herren rauchen. Barocke Musik ertönt, der Herzog fordert seine Herzensdame zum Tanze auf. Auch seine Begleiter lassen es sich nicht nehmen, mit der Liebsten in engeren Körperkontakt zu treten, als es vielleicht üblich und schicklich wäre, bevor sie schließlich gemeinsam und leicht erhitzt auf den warmen Moosboden niedersinken. Des Abends schließlich gibt es noch ein Feuerspektakel, bevor sich die höfische Gesellschaft angeregt und doch recht müde auf dem Heimweg macht zum Schloss in der Stadt. So mag es vielleicht auch gewesen sein, als sich einmal der englische König, dem der Ort möglicherweise seinen Namen zu verdanken hat, der Gesellschaft anschloss. Belegt ist leider nichts davon.

Zurück auf dem Weg sollten Sie auf dem „Hohen Weg" einen weiteren Abstecher machen und nun in den nächsten Weg rechts abbiegen. Der Pfad ist Teil eines alten Wanderweges und führt bis zum Parkplatz, entlang an alten Grenzsteinen, die teilweise die „Wolfsangel" zeigen, das hoheitliche Forstzeichen, welches einst das gemeine Volk darauf aufmerksam machte, dass es ab da nichts mehr zu suchen hatte und welches heute noch auf manchen Forstkarten zu finden ist.

Standort und Navigation: Waldgebiet „Sprache“ | Celle, Wittinger Straße

24 Das Celler Glockenspiel

Pittoreskes Überbleibsel der Siebziger Jahre

Mit den Siebzigerjahren des 20. Jahrhunderts verbindet man eher die unzähligen Bausünden, die an allen Ecken Deutschlands unschön ins Auge springen. Umso erfreulicher ist ein Überbleibsel jener Jahre in Celle, das von manch' optischer Unbill angenehm ablenkt. Die Rede ist vom Celler Glockenspiel.

Seit es im Juni 1973 zum ersten Mal an einem Haus am Markt erklang, erfreut es – mit Unterbrechungen – Bewohner der Stadt wie Touristen gleichermaßen. Die Idee dazu hatte die Familie Schnell, die seit 1842 in dem Haus ein Juwelier- und Uhrenfachgeschäft betrieb. Viele Jahre erklang das Glockenspiel an dem Haus mit dem typischen Treppengiebel Ecke Markt/Schuhstraße, bis der Betrieb für immer seine Tore schloss. Von der Stadt Celle übernommen, verfiel das Glockenspiel von da an in einen Dornröschenschlaf und verstummte für einige Jahre. Erst 2010 wurde es wieder wach geküsst, restauriert und ist seitdem an seinem neuen Standort an der Westfassade eines Geschäftshauses in der Altstadt Zöllerstraße/Ecke Stechbahn, wieder zu bewundern und zu hören. Viele halten inne, wenn nun wieder dreimal täglich die Glocken erklingen und verschiedene Melodien, in der Adventszeit auch Weihnachtsweisen, spielen.

Wenn die sechzehn Bronzeglocken zu glöckeln beginnen, erscheinen dazu fünf sämtlich aus Holz geschnitzte Figuren von Celler Persönlichkeiten. Zunächst sehen Sie den Stadtgründer Herzog Otto der Strenge, welcher 1292 das alte Tsellis von Altencelle in die neue Stadt verlegen ließ. Ihm folgt Herzog Ernst der Bekenner, der 1530 die Reformation nach Celle brachte. Die nächste Figur zeigt die englische Prinzessin und dänische Königin Caroline Mathilde, welche im Alter von erst 21 Jahren hierher verbannt worden war, nachdem ihre Affäre mit dem Altonaer Arzt und Staatsminister Johann Friedrich Struensee ruchbar geworden war. Der Dichter Ludwig Christoph Heinrich Hölty, die nächste Figur, verbrachte seine Jugendjahre auf einem Celler Gymnasium und gilt als Mitbegründer des Göttinger Hainbundes, einer naturverehrenden literarischen Vereinung. Den westpreußischen „Heidedichter" Hermann Löns schließlich führten seine Wanderungen oft nach Celle, wo er sich immer wohlfühlte. Er bildet den Schluss der Figuren, die zusammen mit dem Häuschen und den Glocken 570 kg auf die Waage bringen. Im März 2013 wurde das Celler Glockenspiel, ebenso wie das Turmblasen im Turm der Stadtkirche, in den NDR-Klang-Altas aufgenommen. Dieser ist eine Zusammenstellung von typisch norddeutschen Klang-Highlights und wird regelmäßig in Radio und Internet unter dem Motto „Den Norden hören" präsentiert.

Nehmen Sie sich doch mal Zeit in der Hektik des Alltags und lauschen Sie, wenn das Spiel mit manch vertrauter Melodie aufwartet: Die Gedanken sind frei, wer kann sie erraten? Sie fliehen vorbei wie nächtliche Schatten. Kein Mensch kann sie wissen…

Spielzeiten: 11, 13 und 17 Uhr
Standort und Navigation: Altstadt Ecke Zöllnerstraße, Poststraße | Celle, Stechbahn

25 Die Bohrmeisterschule

Glückauf in Celle

Als im Sommer 2006 die Angolaner zur WM in einem Hotel in Celle Quartier bezogen, wunderte sich so mancher in Deutschland, weswegen ausgerechnet Celle sich gegenüber weiteren Bewerbern, die ebenfalls um die WM-Spieler gebuhlt hatten, durchsetzte und das Rennen machte. Die Erklärung dafür war seinerzeit so einfach wie genial: Celle ist Deutschlands Erdölstadt und produziert Bohrtechnik, Angola fördert Öl und Diamanten, und zwar mit Bohrköpfen aus Celle. Wenn nur immer alles so einfach zu erklären wäre! Fakt jedenfalls ist, dass Celle sich tatsächlich das Hütchen „die Erdölstadt Deutschlands" aufsetzen darf und bei Themen wie Erdöl und Erdgas und nun auch bei Geothermie die Nase ganz weit vorne hat. Celle und Bohren – international „drilling" genannt – das passt zusammen. Angefangen hatte alles in Wietze, einem kleinen Örtchen keine zwanzig Kilometer westlich von Celle gelegen, als sich die Königliche Regierung in Hannover auf Rohstoffsuche begab und hoffte, dort an der „Wallmannschen Teerkuhle" auf Braunkohle zu stoßen. Man bohrte und fand stattdessen in einer Tiefe von über fünfunddreißig Metern Erdöl. So also fand im Juli 1858 im Cellerland wohl eher zufällig die allererste erfolgreiche Erdölbohrung weltweit statt. Der Wert des Öls wurde jedoch erst erkannt, als fast zeitgleiche Bohrungen in den USA einen wahren Ölboom auslösten. Durch das Ölfieber in Wietze war es bis zur Stilllegung der Raffinerien 1963 zu über zweitausend Bohrungen gekommen, bei denen etwa eine Million Tonnen vom „Schwarzen Gold" gewonnen wurden. Einer der Faktoren, die Celle heute noch zu einer der wichtigsten Städte in Sachen Energie machen, ist die Bohrmeisterschule. Seit 1937 hier ansässig und zunächst als „Ausbildungsort von Aufsichtspersonen für die Aufsuchung und Gewinnung von Erdöl und Erdgas mit Hilfe von Bohrungen" gegründet, beherbergt sie heute die staatlich anerkannte Fachschule für Technik in der Trägerschaft des Bergschulvereins e. V., der sich aus zehn Fachleuten von Unternehmen in der Erdöl und Erdgasbranche zusammensetzt. Die Schule bietet Lehrgänge zu den Fachrichtungen Bohr- und Fördertechnik an und ist gleichzeitig zentrale Aus- und Fortbildungsstätte der deutschen und internationalen Erdöl- und Erdgasindustrie. Vermittelt werden hier wichtige technische Erkenntnisse der Tiefbohrtechnik und der Erdöl- und Erdgasgewinnungstechnik – unter Einsatz modernster Simulationssoftware und technischer Ausrüstungsgeräte im Original.

In einer ehemaligen, der Schule zugehörigen Turnhalle ist eine Art Industriemesse untergebracht. Hier können Sie viele interessante Exponate anschauen. Das neueste Projekt der Schule ist ab 2014 ein geplanter Geothermie-Pfad, der sich, von der Trift ausgehend, bis zum Parkplatz der Schule erstreckt und weitere Exponate öffentlich zeigt.

Weitere Infos: www.bohrmeisterschule.de
Telefonische Anmeldung: Sekretariat 05141 991 690
Standort und Navigation: Neuenhäusen | Celle, Breite Straße 1 c

26 Wasserkunst und Pipenposten

Relikte der mittelalterlichen Wasserversorgung

Sie gehören heute wie damals zum Stadtbild wie das Fachwerk, das Schloss und die Stadtkirche. Auch wenn sie heute nur noch historisch wertvolle Stilelemente darstellen, im Mittelalter waren die drei Pipenposten, die öffentlichen Brunnen – alle drei ziert der welfische Löwe –, sozusagen die Zapfsäulen der Bevölkerung und gewährten eine kontinuierliche Versorgung mit frischem Flusswasser aus der Aller. Sie dienten zudem als Viehtränke, zur Stadtreinigung und Feuerbekämpfung.
Den Brunnen zugrunde lag eine sehr ausgeklügelte Wasserkunst, ein technisches System, das mithilfe von verschiedenen mechanischen Geräten und Hebewerkzeugen (Pumpen, archimedische Schrauben, Schöpfgeräte, Wasserräder und ähnliches) tiefer gelegene Wasserquellen zu höher gelegenen Reservoirs transportierte. Angetrieben durch menschliche Kraft, Wasser- oder Windkraft, wurde das Wasser damit in ein Röhrensystem geleitet und gelangte so bis zu den Entnahmestellen.
In Celle gab es, angeregt durch Herzog Ernst den Bekenner, bereits etwa um 1530 die erste Wasserkunst, belegt ist ein fiskalisches System, erbaut durch den Celler Brunnenmeister Benedictus de Münter. Seine feine, handsignierte Skizzenzeichnung mit handschriftlichen Erläuterungen und der schematischen Darstellung von 1696 hängt im Bomann-Museum. Demnach gab es drei Hauptröhren, sie gingen von der Ratsmühle zum Schlossbereich, eine weitere über das Hehlentor und den Markt zur Bergstraße, die dritte führte zur Kanzleistaße. Von diesen drei „principall" führten Rinnen, die in Stockwerkshöhe über die Straßen führten, zu den drei Pipenposten, zu weiteren 22 Notbrunnen und 72 Privathäusern, vor allem Brauereibetrieben. Gebraut wurde seinerzeit an jeder Ecke. Jeder, der auf sich hielt, suchte die Zugehörigkeit zur Zunft der Bierbrauer. Cirka 90 Bürgerhäuser hatten das Recht zum Bierbrauen und konnten damit sich den Gang zu den öffentlichen Pipenposten ersparen. Sie erhielten direkte Zugänge mit einheitlichen Schiebern, die zur Wasserentnahme jedoch ausschließlich vom Brunnenmeister betätigt werden durften. Die Systeme wurden, bevor die Steinvariante bevorzugt wurde, zunächst aus Holz und meistens in Form ausgehöhlter Baumstämme erbaut und hierzulande „Holzpipen" genannt. Daher stammt auch der Name „Pipenposten".
Ganz am Rande: Anlässlich der Einweihungsfeier des „Großen Plans" 1986 (nach erfolgter Neugestaltung), floss aus dem Pipenposten ein Tag lang Celler Bier, das Celler Urtrüb. (siehe auch Seite 136).
Die Versorgung der Celler durch die de Müntersche Wasserkunst bestand übrigens bis zum Ende des 19. Jahrhunderts, als das neue Wasserwerk in Garßen gebaut wurde. Das alte Röhrensystem wurde noch als Brauchwasserleitung in das neue Gefüge integriert und versorgte eine Zeitlang die Brunnen in der Altstadt, Feuerlöschnotpfosten und einige Privathäuser, ehe diese Ära bewährter Wasserversorgung in Celle endgültig zu Ende ging.

Standorte und Navigationen:
Ansicht der Wasserkunst | Altstadt, Bomann-Museum
Pipenposten Altstadt | Brandplatz, Poststraße und Großer Plan
Bomann-Museum | Celle, Schlossplatz 7, von da zu Fuß weiter zu den Pipenposten

27 Die Ipoustéguy-Skulpturen

Französische Bildhauerei in Celle

Das pittoreske Puppenstubenimage ist die eine Seite von Celle, das permanente Streben nach der Verbindung von Tradition und Moderne die andere. Gelungen ist das neben vielen anderen Schauplätzen auch in Sachen Kunst. In Celle finden Sie mehrere moderne Skulpturen, die jede für sich eine Betrachtung wert ist. Zwei davon stammen von dem französischen Künstler Jean Robert Ipousteguy. Mitten in der Stadt steht die Bronzeplastik des 1920 geborenen Bildhauers mit dem Titel „Homme passant la porte“, frei übersetzt heißt das in etwa „Ein Mann, die Tür durchschreitend“. 1966 entstanden, versinnbildlicht die Skulptur inmitten moderner Hast das Sterben als bewussten Akt für den vom Tod überraschten Menschen. Das zeigen der Hundekopf, stellvertretend für den Höllenhund Cerberus, eine Münze, der „Obolus“ in der Hand des Mannes für den Fährmann, der ihn über den Fluss Styx in das Totenreich des Hades transportieren soll sowie die Wülste am Hinterkopf als Sinnbild abgeschnittenen Haares (Persephone, die Gattin des Hades, schnitt in das Totenreich Eingekehrten gelegentlich die Haare ab).

Sinnhaft vor der Stadtbibliothek aufgestellt, finden Sie die Bronzeplastik „Lecture“, ebenfalls von Jean Ipoustéguy geschaffen. Ein lesendes Mädchen mit übergeschlagenen Beinen. Es hält ein Buch in der Hand und krault dabei eine Katze, welches auf seinem Schoß ruht. Was ist die Aussage der Skulptur? Das aufgeschlagene Buch sowie die großzügig aufgefächerten Lamellen, welche den Rahmen der Plastik bilden und diese licht und offen anmuten lassen, legen die Interpretation nahe, dass das Lesen Horizonte öffnet und den Geist erweitert.

Der Künstler wurde 1920 in Dun-sur-Meuse (Frankreich) geboren. Er war nicht nur als Bildhauer tätig, sondern auch als Zeichner, Aquarellist und Schriftsteller. Mit 18 Jahren ging er nach Paris, wo er Abendkurse für Zeichnen und Malerei an der städtischen Kunstschule belegte. Danach arbeitete er als Kunstmaler, zeichnete Entwürfe für Bleiglasfenster und wirkte in den Jahren an der Ausgestaltung der Kirche Saint-Jacques in Montrouge/Frankreich mit. Ab 1949 lebte und arbeitete er in Choisy-le-Roi bei Paris. Schon bald widmete er sich fast nur noch dem plastischen Gestalten und fand damit Eingang in die Kunstszene der „upper artists“. 2004 ging er zurück in seine Heimatstadt und starb ebenda im Februar 2006 im Alter von 86 Jahren. Seine letzte Ruhestätte fand er auf dem Cimetière Montparnasse in Paris. Ipoustéguy gilt heute als bedeutendsten Vertreter des Neuen Realismus in der Plastik. Er war 1964 und 1977 als Künstler auf der Documenta in Kassel vertreten, 1989 wurde ihm der Preis der Heitland-Foundation Celle verliehen.

eitere Infos: www.jean-ipousteguy.de
andorte und Navigation: Altstadt | Celle, Stechbahn und Arno Schmidt-Platz

28 Bäume in Celle

Naturdenkmäler mittendrin und weiter draußen

Kennen Sie den Mammutbaum in Celle? Nein? Dann geht es Ihnen wie vielen anderen, denen der Baum ebenfalls noch nie aufgefallen ist. Dabei finden sich manche Naturvertreter hier bereits seit Jahrhunderten, stehen längst unter Naturschutz, amtlicher Beobachtung und Betreuung und fristen dennoch ein stilles, oft verborgenes und unbeachtetes Leben inmitten städtischem Alltagstrubel oder stadtrandnaher Abgeschiedenheit. Einige sind mühelos zugänglich und auch problemlos zu sehen, andere stehen in privaten Gartenanlagen und können nur eingeschränkt (oder mit der Erlaubnis der Gartenbesitzer) bewundert werden. Sicherlich haben Sie auch noch nie etwas von Groß Ottenhaus und schon gar nicht von den Eichengruppen daselbst gehört. Mit Umfängen von drei Meter vierzig bis sechs Meter zehn und einer Altersspanne von 200 bis 600 Jahren gebührt ihnen jedoch endlich auch einmal etwas mehr Aufmerksamkeit, ebenso der mehrstämmigen Eiche in Osterloh (rechts hinter dem Hof gelegen), die der Stadt und den Bewohnern wegen ihrer Schönheit und des ortsprägenden Charakters besonders am Herzen liegt.
Es wird also Zeit, die Celler Bäume zu entdecken! Am einfachsten ist es, die Bäume mit dem Fahrrad zu erkunden, da nicht alle Orte mit dem Auto legal zugänglich sind. Dafür bietet sich eine Tour von cirka 25 Kilometern Länge an. Diese beginnt am Mammutbaum, von da geht es weiter durch die Obere Allerniederung zur Eiche in Osterloh und dann über Bockelskamp zur großen Eichengruppe in Groß Ottenhaus. Dann geht's wieder Richtung Celle zurück. Alternativ kann man die Tour natürlich auch in kürzere Etappen unterteilen. Für weitere Interessierte sind auch der Schlosspark und Französische Garten interessant – hier stehen unzählige Exoten.

Standorte und Navigationsadressen:
Mammutbaum Hehlentor | Celle, Schlepegrellstraße 42
Eiche Osterloh | Celle, Osterloher Landstraße 7 hinter dem Haus
Eichengruppe Altencelle – Groß Ottenhaus | Celle, Groß Ottenhaus (für Autos gesperrt)

29 Die Synagoge

Ein jüdisches Gotteshaus hat überlebt

Von ursprünglich 140 Synagogen, die vor 1933 Niedersachsen zugehörig waren, sind heute ungefähr 40 davon noch als Gebäude erhalten. Eine davon steht am Rande der Celler Innenstadt, unauffällig in die Fachwerkbauten rechts und links hineingeschmiegt, kein Hinweis auf ein jüdisches Gotteshaus ist zu finden – außer dem Klingelknopf mit der Aufschrift „Jüdische Gemeinde".

Als die Synagoge 1740 gebaut wurde, waren die Celler Juden eine kleine Gemeinschaft aus der Vorstadt Blumlage. Einer von ihnen war sicherlich „Aron Sohn des Rabbiners Jusea Feifelsohn Cohen", der einen Opferstock aus Sandstein „selig sein Andenken 1740" errichten ließ. Dieser ist heute noch links neben dem Eingang zu sehen und weist auf das Erbauungsjahr hin. Belegt ist ebenso eine Verschuldung der Gemeinde, die zusammen mit der Erlaubnis des Fürstentums Lüneburg den Bau erst möglich gemacht hatte. Durch eine Erbschaft 1797 von Hoffaktor (Hofjuwelier) Isaak Jakob Gans konnten die Schulden getilgt werden. 1883 wurde eine gründliche Renovierung notwendig. Es erfolgten dabei der Bau der Frauenempore, die Bleiverglasung der Fenster mit farbigen Scheiben und die Ausmalung des Innenraums. Am 30. September, dem Vorabend des jüdischen Neujahrsfestes 1883 und inmitten der großen Blütezeit der cirka 110 Mitglieder umfassenden Celler Gemeinde, wurde der Umbau feierlich eingeweiht.

„Toreingang zu Gott – die Rechtschaffenen werden diese Schwelle übertreten". Mit diesen Worten werden heute noch die Besucher in hebräischen Lettern, die über dem hölzernen, zweiflügeligen Eingang zur Celler Synagoge geschrieben stehen, empfangen. Der Innenraum zeigt sich im Stil des Spätbarocks, er empfängt seine Besucher seltsam still und friedlich. Über 8.000 Gäste kommen jedes Jahr hierher, um das älteste und noch in allen wesentlichen Bauteilen erhaltene jüdische Gotteshaus Nordwestdeutschlands zu besuchen. Sie kommen aus aller Welt, aus allen Nationen und mit vielfältig religiösem Hintergrund. Manche sind auf Spurensuche, andere treibt das historische Interesse, manch einer möchte die alte Heimat noch mal erleben.

Es hätte auch anders ausgehen können, als am 9. November 1938 in Deutschland die Synagogen brannten. Das Celler „beth knesset" blieb verschont. Ob es die Angst der damaligen Nachbarn war, welche ein Übergreifen der Flammen auf das eng angrenzende Fachwerkszenario befürchteten, mag dahingestellt bleiben. Fakt ist, die Celler Synagoge und das dazugehörige Nebenhaus sind erhalten geblieben.

Sie laden ein zum Innehalten, zu nachdenklichem Verweilen, zur Erinnerung. Heute ist das Häuserensemble Synagoge und Museum mit festen und wechselnden Ausstellungen zugleich sowie authentische Kulisse für kulturelle Veranstaltungen, wie zum Beispiel Vorträgen, Lesungen und Konzerten.

Weitere Infos: www.landkreis-celle.de/menue/kultur-bildung/museumsfuehrer/synagoge-celle.html
Standort und Navigation: Celle, Blumlage | Celle, Im Kreise 24

30 Der Weinberg an der Aller

Ein guter Tropfen aus Celle

Ein Weinberg? In Celle?
Erste Hinweise auf den Ort als Weinstadt gehen aus einem Rechnungsregister aus dem Jahr 1442 hervor, in dem Ausgaben für das Aufbinden von Weinreben im „Weingarten“ erwähnt werden. Demnach wurde dem Weinanbau in Celle bereits damals gefrönt, und das, obwohl das eher kühlere Celler Klima nicht eben besonders geeignet erscheint für einen guten Tropfen. In einer Urkunde vom Mai 1466 jedoch bestätigt der damalige Herzog Friedrich der Fromme den Kauf von zwei Gebieten zwecks Weinanbaus nördlich der Aller und nahe dem „Weingarten“ sowie „hinter der Kirche unserer lieben Frau auf dem Berge“.
Straßennamen wie Weingarten sind heute in Celle noch zu finden und bekunden den Weingenuss des ehemaligen Celler Adels. Bekannt ist auch, dass Herzogin Anna von Nassau zur Zeit ihrer Regentschaft von 1479 bis 1486 Gästen gern Celler Wein auftischte. Auch in ihren Rechnungsbüchern finden sich zahlreiche Einträge zu entsprechenden Ausgaben wie das Beschneiden der Reben. Höchstwahrscheinlich war es auch die Herzogin gewesen, welche weitere Weingärten im ehemaligen Tiergehege, später „Wildgarten“ (Gebiet um das heutige Neue Rathaus) hatte anlegen lassen. Vom Klima haben sich weder die Adligen noch die Bürger, welche zunehmend Weingärten zugewiesen bekamen (zwischen den Straßen „Kreuzgarten“, „Am Berge“ und „Petersburgstraße“), offenbar nicht ausbremsen lassen. Celler Bürger mussten Weinreben anbauen, um zur Bodenstabilisierung beizutragen. In alten Skizzen aus dem 15. Jahrhundert sind mehrere Weinberge entlang der Erhöhungen an der Nordseite der Aller verzeichnet, auch rechtsseitig der heutigen Allerbrücke. Und selbst in der (heutigen) Mauernstraße und später auch an den Hängen des Schlosswalls wurden Weinreben angebaut.
Die Blütezeit als Weinstadt dauerte in Celle etwa zwei Jahrhunderte an – bis mit dem Tode des letzten Herzogs Georg Wilhelm der Stadt die Grundlage für Glanz und Pracht entzogen wurde. Da half auch das dreijährige Exil der dänischen Königin Caroline Mathilde (1772–1775) nicht mehr – Celle versank für viele Jahre weintechnisch betrachtet in völliger Bedeutungslosigkeit.
Erst 1984 wurden, ganz in der Nähe der ehemaligen Anbaugebiete und wieder direkt an der Aller gelegen, auf 3.000 Quadratmetern erneut Weinstöcke angepflanzt und erstmals wurde 1989 auch wieder Wein abgefüllt.
Der „Celler Schlossblick“ soll an den Weinanbau von damals erinnern. Seit 2004 und nach kompletter Neuanpflanzung gibt es auf dem städtischen Weinberg nun einzig eine rote Variante und damit einen Wein mit besonders fruchtigem Aroma namens „Regent“. Dieser wird gerne hohem Besuch kredenzt und bei Empfängen der Stadt ausgeschenkt. Doch ein kleines Kontingent ist auch – fast wie zu den Anfängen des Celler Weinanbaus – für den freien Verkauf an Celler Bürger und andere Weingourmets reserviert.

Öffnungszeiten: freitags 14 – 19 Uhr, samstags 9 – 14 Uhr, sowie nach telefonischer Absprache
Standort und Navigation: Hehlentor, hinter Hotel Caroline Mathilde, Haus am Weinhang | Celle, Alter Bremer Weg 37
Celler Wein gibt es hier: Achenbach, Fuhrberger Straße 181, 29225 Celle, Telefon (0 51 41) 4 44 49;

31 Celler Brunnen 1

Von plätschernden Wasserquellen im Stadtgebiet

„Wasser ist der Ursprung von allem", so urteilte bereits Thales von Milet, der altgriechische Philosoph und Mathematiker. Recht hat er und nicht umsonst sind solide gearbeitete Brunnen oder der künstlerisch und spielerisch-schöpferische Umgang mit Wasser mehr als nur Unterhaltung – erinnern uns die plätschernden Vertreter von Wasserspendern doch stets daran, wie sehr wir als Lebewesen von dem kostbaren Nass abhängig sind, denn: Ohne Wasser kein Leben.
Neben den drei „Pipenposten", die ursprünglich andere Standorte hatten, sind die Celler Brunnen beredtes Zeugnis einer langen Verbindung von Geschichte, Kunst und Notwendigkeit. Ihre heutigen Standorte weisen auf frühere „Zucken" (Ziehbrunnen) hin. Im gesamten Stadtgebiet sind über 20 alte Brunnen verteilt, vom Neuenhäuser Friedhof bis hinaus ins Hehlentor-Gebiet, in der Neustadt („Pestbrunnen") und in Boye. Die meisten von ihnen stehen auf alten unterirdischen Brunnen.
An das alte Celle erinnert der völlig von Efeu umrankte Brunnen im Garten des Schützenmuseums (Nordwallseite), ein weiterer im Klostergang, einer in der Passage zwischen Großer Plan und Südwall, einer in der Marktpassage. Dessen Säule ist ein Stein, der vormals auf dem alten Bürgerfriedhof auf dem Harburger Berg stand.
Ein eckiger Vertreter ist auf dem Grundsstück Nordwall/Ecke Schuhstraße zu sehen. Dieser ist aus vier Segmenten zusammengesetzt, die einst in der Braunhirschstraße standen. Der Brunnen in der Westcellertorstraße ist zusammengesetzt aus einem alten Sandsteinpfeiler aus der Blumlage, einer Pfeilerabdeckung aus der Harburger Straße und Brückenteilen einer Brücke aus dem Französischen Garten. Der auf das Jahr 1695 datierte Brunnen in der Zöllnerstraße stammt ursprünglich aus dem Hehlentorgebiet, die Inschrift „H I K" bleibt bislang rätselhaft.
Der Brunnen in der Neuen Straße trägt die Jahreszahl 1691 und stand einst im Hof des Grundstückes Schuhstraße 9. Gleich zwei Brunnen sind auf der Ecke Am Heiligen Kreuz/Zöllnerstraße zu finden. Der eine weist alte Brunnenringe vor, die früher unterirdisch an Brunnen verbaut wurden, der andere, er stammt aus dem 16. Jahrhundert, ist mit einer Glasplatte abgedeckt und mit einem Gitter versehen.
Nicht zu vergessen ist auch der Brunnen im Schlosshof, welcher von acht Reliefs verziert ist, die wahrscheinlich um 1625 von einem Künstler namens Hans Wolf geschaffen wurden. Die noch erkennbaren Figuren waren möglicherweise vergoldet, in tiefer gelegenen Partien wurden Goldreste gefunden.
Fast alle Brunnen werden täglich von städtischen Angestellten kontrolliert und bei Bedarf gereinigt und gewartet – außer in kalten Wintermonaten.
Wie wär's also mit einer kleinen Brunnentour durch die Altstadt?

;tandorte und Navigation:
ınenstadt Celle: Nordwall, Ecke Schuhstraße, Klostergang (vom Nordwall zum łeiligen Kreuz), Am Heiligen Kreuz, Ecke Zöllnerstraße, Altencellertorstraße,)bendorf-und-Wedel-Passage (Großer Plan Richtung Südwall), Westcellertortraße, Schlossplatz, Kanzleistraße (Marktpassage), Neue Straße (Innenhof vor ler Borchers-Passage), Zöllnerstraße
ıußenbezirke Celle: Alter Bremer Weg 37 (Hofparkplatz des Hotels Caroline ʌathilde), Friedhofspark rechte Seite am Harburger Berg, Winsener Straße 10 vor dem Restaurant Mediterrano), Kirchstraße (Neuenhäuser Friedhof), ‹irchhofstraße (Pestbrunnen in der Neustadt)

32 Weihnachtsstimmung in Celle

Wenn die Altstadt zum Wintermärchen wird

Denken Sie sich die blinkenden Weihnachtsmannmützen oder Rentiergeweihhaarreifen, die allzu Glühweinseligen und den Nieselregen einfach mal weg und dafür leise rieselnden Schnee dazu, dann ist der Celler Weihnachtsmarkt mit Sicherheit einer der schönsten auf der ganzen Welt. Nicht umsonst kommen alljährlich Menschen aus allen Teilen Europas zum Celler Weihnachtsmarkt. Kaum eine andere Stadt kann so eine pittoreske Kulisse dafür bieten, kaum eine andere verbreitet so viel winterlich-weihnachtliches Flair wie die Innenstadt von Ende November bis Ende Dezember. Das Rezept dazu ist so einfach wie erfolgreich: Über 80 Stände – das Angebot reicht von traditionellem und künstlerischem Handwerk und Baumschmuck bis zu Kulinarischem aller Art – laden zum Verweilen ein, zum Bummeln und Schauen. Dazu kann man da und dort etwas Leckeres genießen, dabei die umstehenden Häuser, die Krippenfiguren, den riesigen Baum oder die vierzehn Meter hohe Weihnachtspyramide bewundern. Sie gilt als eine der höchsten Norddeutschlands. Wenn dann noch leise Weihnachtsmusik ertönt, ist das Wintermärchen perfekt. Abends ist die Stimmung besonders schön, doch leider schließen die Buden bereits sonntags bis freitags um 20 Uhr, samstags um 21 Uhr.

Seit einigen Jahren verzaubert auch das Landgestüt an einem Wochenende im Dezember die Besucher mit einem Weihnachtsmarkt. In der ebenfalls historischen Kulisse des Gestüts bieten zumeist regionale Anbieter Kunsthandwerkliches und Kulinarisches feil. Doch das Besondere an diesem Markt sind die Möglichkeiten zum Pony-Reiten, Führungen durch das über zweieinhalb Jahrhunderte alte Gestüt sowie Kutschfahrten und Schlittenfahrten mit den Celler Hengsten, die ihrer Berühmtheit wegen rund um den Globus in reiterlichen Fachkreisen bekannt sind. Veranstalter des pittoresken Marktes ist der Verein der Mitarbeiter und Freunde des Landgestüts Celle e. V., die Erlöse werden alljährlich für einen guten Zweck gespendet.

Celle folgt mit den Märkten einer historischen Tradition, die früher übrigens weniger mit Weihnachten als dem bevorstehenden Winter zu tun hatte. Diese geht auf spätmittelalterliche Verkaufsmessen zurück, die es einst an einem Markttag vor Beginn der kalten Jahreszeit den Bürgern und Bürgerinnen der Stadt ermöglichten, sich mit Fleisch und weiterem Notwendigen für den Winter einzudecken. Erst in der ersten Hälfte des 20. Jahrhunderts begann sich das Brauchtum der Advents- und Weihnachtsmärkte in Deutschland und von da aus weiter in Österreich, Luxemburg, Schweden, Italien, dem Elsass und der Schweiz zu etablieren. Seit den Neunzigern des 20. Jahrhunderts gibt es diese Märkte, die nach dem Ende der Habsburger Monarchie stark zurückgegangen waren, auch vereinzelt wieder in den osteuropäischen Staaten: Die englischsprachigen Länder haben erst in jüngster Zeit ihre Leidenschaft für ihre eigenen „German Christmas Markets“ oder „Christkindlmarkets“ entdeckt.

Standorte und Navigationen:
Altstadt Fußgängerzone | Celle, Parkplatz Schützenplatz
Westercelle | Celle, Spörckenstraße, Terminauskünfte unter (0 51 41) 9 29 40

33 Das Caroline Mathilde Denkmal

Young died english princess

Erst fünfzehn Jahre alt war die englische Prinzessin Caroline Mathilde, als sie nach Dänemark geschickt wurde, um dort den König zu ehelichen, der selbst erst knapp der Kindheit entwachsen war. Ihr Zukünftiger, Christian VII. von Dänemark, galt früh als notorischer Fremdgänger, primitiver Wüstling und unberechenbarer Psychopath – er zeigte schon in jungen Jahren Anzeichen einer Geisteskrankheit. Aber Dänemark war weit weg... zudem, als die Prinzessin 1751 geboren wurde, war ihre Mutter bereits seit drei Monaten verwitwet, Carolines Bruder König Georg III. von Großbritannien und Kurfürst von Hannover und sie als halb verwaister Spross keine besonders begehrenswerte Partie mehr. 1766 wurde in London daher die Ehe „per procurationem" geschlossen, kurz darauf die Hochzeit in Dänemark gefeiert. Von Familie und Heimat fern, war Caroline nun Ehefrau eines Mannes, der sie weitestgehend ignorierte, erniedrigte und verschmähte. Dennoch gebar sie nach zwei Jahren den Thronfolger Friedrich VI. Bald darauf brachte der König von einer Reise Johann Friedrich Struensee mit, einen Armenarzt aus Altona, zu dem er besonderes Vertrauen entwickelt und den er zu seinem Leibarzt erkoren hatte. Das Schicksal nahm seinen Lauf. Nicht nur der König, auch Caroline war von dem Mann fasziniert. Und er von ihr! Sie verliebten sich, eine Ménage à trois begann – mit dem Segen des Königs übrigens, der unter Struensees Einfluss ausgeglichener wurde und seiner Gemahlin plötzlich zugewandter und freundlicher gegenüber trat. Im Juli 1771 brachte Caroline ihre Tochter Louise Augusta zur Welt (deren Vater wohl Struensee war und welche vom König dennoch anerkannt wurde).

Struensee, längst Minister, führte nebenher Dänemark in die Aufklärung – für den Adel eine große Bedrohung. Komplotte wurden geschmiedet, die Struensee schwer belasteten, Caroline wurde als Spielball der Gegner benutzt. Sie räumte im März 1772 die Affäre ein, die sämtlichen Höflingen längst ein Dorn im Auge war. Struensee wurde in Haft gesetzt, Christian der Haftbefehl erst danach zum Unterschreiben vorgelegt mit dem Hinweis, den Altonaer wegen Ehebruchs, Hochverrats, Amtsanmaßung und Bereicherung hinrichten zu lassen. Die Exekution erfolgte im April 1772.

Caroline Mathilde, knapp einundzwanzigjährig, wurde ohne ihre Kinder nach Celle verbannt. Hier lebte sie unglücklich, traurig und nur von der Hoffnung erfüllt, dass sie bald ihre Kinder wiedersehen würde. Sie aß sich unter Zuschauerschaft korpulent, las viel, kümmerte sich in Struensees Sinne um Bedüftige und verkehrte bei Spaziergängen in der Stadt mit Celler Bürgern aller Stände. Drei Jahre später grassierte eine Scharlachepidemie – Caroline steckte sich an und starb, noch nicht einmal 24 Jahre alt. Das Schicksal hatte anders für sie entschieden – ihre Kinder sah sie nie wieder. So manches hier erinnert an „the young died english princess", wie das Denkmal, von Goethes Lehrer Adam Friedrich Oeser geschaffen und im Französischen Garten zu sehen, oder ein Gedenkstein von 1775 im hinteren Teil eines Palais im Prinzengarten.

Aber wer kennt tatsächlich ihre tragische Geschichte?

Standorte und Navigation:
Caroline-Denkmal Französischer Garten | Celle, Éléonore-Allee
Gedenkstein Hehlentor | Celle, Prinzengarten 1

34 Das Retabel in der Peter-und-Paul Kapelle

Neuanfang nach 150 Jahren Glaubensverbot

1528: Das Franziskanerkloster am Heiligen Kreuz wird trotz harten Ringens und erbitterten Widerstands seitens der gläubigen Bewohner von den Bediensteten des Herzogs Ernst geräumt. Die Mönche verlassen die Stadt und nicht nur die Franziskaner, sondern sämtliche Nichtlutheraner müssen buchstäblich über Nacht aus der Stadt fliehen, wenn ihnen ihr Leben lieb ist. Celle und das gesamte Fürstentum Lüneburg sind jetzt evangelisch, die Reformation Luthers ist vollzogen. In Celle wird kein einziger katholischer Gottesdienst mehr gefeiert und es gehen 150 Jahre ins Land, bis in der zweiten Hälfte des 17. Jahrhunderts politisches Kalkül erste zaghafte Veränderungen herbeiführt.

Damals strebte Herzog Georg Wilhelm, der „Heideherzog“ aus Celle, nach Größerem, nämlich dem Erweb der neunten Kurwürde im Heiligen Römischen Reich deutscher Nation für sein welfisches Haus. Dem Kaiser kam das gerade recht, denn seit längerem waren gründliche Überlegungen im Gange, welche die Einigung der Kirchen zum Ziel hatten. Er pokerte und verlangte als Gegenleistung der Welfen, dass sie seine Politik unterstützten und, dies war von ganz besonderer Relevanz, dass sie die freie Ausübung der katholischen Religion wieder in ihren Landen zuließen. Der Celler Herzog und sein Bruder Ernst August, amtierender Chef der Welfen, stimmten zu. An Georg Wilhelms Hof tummelten sich ohnehin unzählige Diplomaten französischer und italienischer Herkunft samt ihren Familien, allesamt waren sie Reformierte oder Katholiken und murrten in sakraler Eintracht, dass sie endlich ihre eigenen Gottesdienste feiern wollten. 1678 schickte man daher Nils Stensen, den zweiten Apostolischen Vikar der Nordischen Missionen, nach Celle, um dort nach dem Rechten zu sehen. Dieser erkannte den eklatanten Missstand und sorgte dafür, dass der Jesuitenpater Quirinius Quirini aus Hildesheim 1678 seinen Dienst als ständiger Seelsorger vor Ort antrat. Der Pater hielt zunächst in Privathäusern den Gottesdienst ab. Nicht allen Stadtvätern oder Bürgern war diese Entwicklung recht, doch allen Widrigkeiten zum Trotz entstand rasch ein Gemeindeleben mit etwa 900 Mitgliedern (600 aus Celle, 300 von außerhalb, hoch bis kurz vor die Tore Hamburgs). Das Welfenhaus erlangte wie gewünscht 1692 die Kurwürde, im Gegenzug bekamen die Katholiken die lang ersehnte Genehmigung für den Bau einer Kapelle, die 1711 durch den berühmten Bischof, Diplomaten und Musiker Agostino Steffani geweiht und fortan Peter-und-Paul-Kapelle genannt wurde. Sie ward damit das erste nachreformatorische Gotteshaus in der Lüneburger Heide. Die Kapelle steht längst nicht mehr, ihren Platz nimmt nun die im klassizistischen Stil erbaute Ludwigskirche ein. Doch sie war einst reich ausgestattet und das Retabel, Altarbild der einstigen Kapelle (in Teilen aus dem Jahr 1587), hat im Neubau der Peter-und-Paul-Kapelle, einem Anbau der Ludwigskirche, einen würdigen Platz gefunden. Das Retabel ist ein mahnendes Zeichen daran, dass die freie Religionsausübung in Celle nicht immer selbstverständlich war.

in der Pet

Standort und Navigation: Innenstadt | Celle, Kanonenstraße

35 Skulpturen 2

Kunst im Stadtgebiet

Zweite Runde Kunst im öffentlichen Raum in Celle:
Viele denken, es sei die Figur der „Justitia“, doch weit gefehlt! Die Bronzeplastik, die weithin sichtbar an der Mühlenstraße steht, heißt „Erzengel Michael“ und wurde von dem Hannoverschen Bildhauer Professor Kurt Lehmann (1905 – 2000) anlässlich des 250-jährigen Jubiläums des dahinter liegenden Gerichts geschaffen. Im Christentum gilt Michael als Bezwinger des Teufels, und er wird vom Künstler auch so dargestellt: als Bekämpfer des Bösen, welches ihn in Gestalt einer Schlange herausfordert. Lehmann studierte an der Staatlichen Kunstakademie Kassel und stellte ab 1929 aus. Von 1949 bis 1969 lehrte er an der Technischen Hochschule Hannover.
„Das Wesen der Kunst und ihre Qualität liegt in der individuellen Formfindung, die letztlich unverwechselbar ist“. So urteilte der Steinbildner Pierre Schumann (geboren 1917 in Heide/Holstein), der 1987 die Figur „Vogelkampf“ schuf, die im Park der Kreisverwaltung einen Platz gefunden hat. Der ausgebildete Steinmetz studierte in Hamburg und Stuttgart. Marmor, Granit und Bronze sind die Materialien, mit denen er gern arbeitete, Reduktion war sein wesentliches Schaffensprinzip. Pierre Schumann verstarb 94-jährig im August 2011.
Dem Stadtgründer Otto dem Strengen hat sich 1907 der Künstler Josef Drischler nach einem Entwurf von Hartzer gewidmet – die Herzogsfigur ist am Bomann-Museum/Ecke Stechbahn zu sehen und trägt sinnhaft das Schloss von Celle in seiner linken Hand. Der 1838 in Rinteln geborene Künstler lebte vornehmlich in Berlin und verstarb 1917. Er stellte 1880 und 1892 in Berliner Kunstausstellungen aus, vor allem Bronzearbeiten. Bekannt ist er unter anderem auch als Erbauer des Moltke-Standbildes in Reichenbach im Vogtland.
27 Zacken, 28 Kerben. Die 3,40 Meter lange Baumkrone des Künstlers Timm Ulrichs ist ein Blickfang am Schlosspark, doch nicht immer gleich zu entdecken. Sie umfasst einen Baum im Schlosspark in fünf Meter Höhe. Insgesamt existieren fünf Kronen des Künstlers, vier davon in Nürnberg. Ulrichs gilt als Vertreter von Neodadaismus, Body Art und Konzeptkunst und ist zudem dafür bekannt, „verbale Begriffe“ künstlerisch umzusetzen, siehe eben „Baumkrone“. Das Kunstwerk ist eine Leihgabe und gehört zur Privatsammlung Robert Simons, dem Leiter des Kunstmuseums Celle.
Die hölzernen „Stadtkieker“ der aus Mecklenburg-Vorpommern stammenden Künstlerin Marga Falkenhagen Grabowsky sitzen und stehen um eine Bank im Stadtteil Blumlage. Neugierig schauen die Figuren in die Umgebung und beobachten Passanten. Man kann neben ihnen Platz nehmen, die Synagoge im Blick. Die Künstlerin, Jahrgang 1943, studierte Kunsterziehung und visuelle Kommunikation in Braunschweig, sie erhielt 1996 den Kunstpreis der Unternehmensgruppe Kindermann & Partner.

Standorte und Navigation:
Otto-Figur Altstadt | Celle, Schlossplatz / Ecke Stechbahn
Krone Innenstadt | Celle, Schlosspark
Erzengel Michael Innenstadt | Celle, Mühlenstraße
Vogelkampf Innenstadt | Celle, Trift 26 (im Park)
Die Stadtkieker Blumlage | Celle, Im Kreise

36 Die vollzugliche Sammlung in der JVA Celle

Ein kleines heimliches Museum

„Sie alle, meine Herren, werden der schönen Tage, die sie hier verlebt haben, stets eingedenk bleiben und nach dem alten, durch den hochseligen König Georg IV. von Hannover und England geprägten Wahlspruch der Stadt, in den Ruf einstimmen: Celle for ever! Hurra, hurra, hurra!“ So also sprach ein Herr Minister 1912 bei der Zweihundertjahrfeier des Zuchthauses Celle zur Begrüßung aller anwesenden Gäste, darunter viele ehemalige Strafgefangene, die zur Teilnahme an den gesamten Festlichkeiten samt abendlichem Bankett eingeladen worden waren. Interessant sind dabei zwei Dinge: Feiern verbindet selbst entlassene „Knackis“ mit hohen Ministern und Anglizismen gab es schon vor hundert Jahren im deutschen Sprachgebrauch – auch wenn es in dem Fall vielleicht nur eine Reminiszenz an den einstigen Herrscher war, der bekanntlich nicht nur König von Hannover, sondern auch des Vereinigten Königreichs von Großbritannien und Irland war. Aber das ist eine andere Geschichte.

Um 1712 bekam die Stadt Celle das Allgemeine Zucht-, Werk- und Tollhaus zur Bestrafung der Übeltäter „zur Bewachung der Tobsüchtigen und Geisteskranken“ zugesprochen. Die Stadtführer werben damit, es gelte als das älteste Zuchthaus Deutschlands. Es war jedenfalls der Ausgleich dafür, dass Celle nach dem Tode des letzten Herzogs im Jahre 1705 den Status als Residenzstadt verlor und damit politisch praktisch in Bedeutungslosigkeit versank. Als Ausgleich kamen noch das Landgestüt und 1711 das Oberappellationsgericht (heute Oberlandesgericht, welches als eines der ältesten deutschen hohen Gerichte gilt) dazu. Die Mär, die Celler Bürger hätten damals vor der qualvollen Wahl gestanden, sich für die Universität oder das Gefängnis zu entscheiden und dass sie sich zum Schutz der ledigen Töchter für Letzteres entschieden hätten, ist damit also vom Tisch. Die Universität Göttingen wurde erst über 20 Jahre später eröffnet.

Heute heißt das Gebäude an der Trift Justizvollzugsanstalt, kurz JVA. Darin gibt es ein kleines Museum, welches hochinteressante Exponate seit Anbeginn zeigt. Sie können Berichte, Akten, Fotos und vieles mehr entdecken, wie beispielsweise Zuchthausverordnungen von 1732, Folterwiegen oder den bis 1913 benutzten Prügelbock. Auch sind Dienstanweisungen für den bis 1847 tätigen Scharfrichter nachzulesen. Es gibt Modelle der Anstalt zu sehen, eine nachgebaute Zelle, Schusswaffen, alte Pläne und Zeichnungen zur Baugeschichte (nach dem Vorbild französischer Schlösser), Schnapsbrennanlagen, Ausbruchswerkzeuge, Anstaltskleidung, Literatur von und über ehemalige Insassen, Sammlungen von Gefangenenzeitschriften, Infotafeln zu Ereignissen in der Strafanstalt, wie beispielsweise dem „Celler Loch“, siehe auch S. 162, sowie eine Dokumention zum Thema „Celler Strafvollzug während der NS-Zeit“.

Strafe als Präventionsthema, dafür ist das Museum häufig besuchter Schulungsort von Schulklassen und anderen Interessierten.

Anfragen für Führungen: (0 51 41) 91 10, Herr Sundmacher oder Herr Dittchrist
Standort und Navigation: Neuenhäusen | Celle, Trift 14

37 Der Märchenwald

Wo Fuchs und Has zuhause sind

Nicht vielen ist das Glück vergönnt, im „Märchenwald“ zu wohnen. Genauer gesagt, stehen dort gerade mal eine Handvoll Häuser.
Märchenwald? Wo soll das denn sein? Fragen Sie mal in Celle jemanden danach oder wenigstens nach dem Stadtteil Alvern, aber ohne Stadtplan wird Ihnen kaum jemand weiterhelfen können. Doch es gibt ihn tatsächlich, diesen Wald, das Örtchen Alvern liegt mittendrin und die den wenigen Häusern zugehörige Straße lautet tatsächlich „Märchenwald“. Sie können, wenn Sie mir nicht glauben, den Namen ja spaßeshalber mal bei Google Maps eingeben!
Ansonsten gibt es um Alvern herum vor allem viel Gegend: Felder, Wiesen und Wald, den Märchenwald eben, dazu einen Bach, der am Rande der Dorfallee entlang fließt, mehrere Teiche und einen bewirtschafteten Bauernhof. Insgesamt besteht der Ort aus etwa fünf Straßen und nur vierzig Häusern, in denen keine 200 Menschen leben, die aber immerhin mit einer Bushaltestelle bedacht den Kontakt zur etwa acht Kilometer entfernten Celler Innenstadt und dem Rest der Außenwelt halten können.
Lohnenswert ist eine Tour von Alvern aus durch den wunderschönen und verwunschenen Märchenwald. Dabei kann schon mal die Fantasie mit einem durchgehen. Schaut, ein Troll! Oder war es vielleicht ein Gnom? Ein Zwerg? Hinter der Tanne, tanzen da nicht Elfen? Oder sind es Feen? Seht nur, da vorn im Sonnenlicht steht ein Einhorn …
Wenn Sie sich nach Osten orientieren, gelangen Sie nach Beedenbostel, im Nordosten liegt Höfer, fast ganz im Norden finden Sie sich in Habighorst wieder und schlagen Sie die Richtung nach Nordwesten ein, landen Sie im „Breiten Moor“. Ungefähr auf Höhe der Mitte zu den genannten Orten verläuft jeweils die Celler Stadtgrenze. Wer hin und wieder dem Stadtrummel entkommen möchte, dem empfiehlt sich in Alvern ein Wochenend- oder Ferienquartier. Die Vermieter bieten teils auch Fahrradverleih mit an. Wenn Sie bei offenem Fenster schlafen, so verspricht es eine Betreiberfamilie auf ihrer Homepage, können Sie „den Igel schmatzen hören, dem Käuzchen und unseren Nachtschwärmern lauschen und sich morgens vom lautstarken Gesang der zahllosen Vögel wecken lassen“.
Übrigens: Fragen Sie in Celle mal jemanden nach dem „Golfplatz Herzogstadt Celle“, fast jeder wird Ihnen dazu auf Anhieb zumindest grob Auskunft geben können. Er liegt keine drei Kilometer vom Märchenwald entfernt! Komisch, oder?

Standort und Navigation: Celle-Alvern | Celle, Märchenwald

38 Das Celler Modellbaueisenbahnhäuschen

Wo Spur-Ho-Fans voll auf ihre Kosten kommen

Traumberuf Lokomotivführer? Das war gestern – heute rangiert der Mechatroniker an erster Stelle. Die Leidenschaft aber ist in vielen Männerherzen niemals wirklich erloschen, und wenn gestandene Kerle mit vor Freude glasigen Augen von „Epoche III Ost" oder von „Modulen nach Fremo-Norm" sprechen, dann ist die Rede von Modelleisenbahnen, die auch heute noch so manchen Keller, längst verwaiste Kinderzimmer oder lange Flure blockieren. Wenn „Mann" weder das eine (Beruf), noch das andere (ausreichende Platzkapazitäten) in Anspruch nehmen kann, dann bleibt die Flucht in den Verein, wo er nach Herzenslust mit Gleichgesinnten bauen und rangieren kann.
Jeden Freitagabend treffen sich die Mitglieder des Celler Vereins zum Basteln, zu Vorträgen oder einfach zum fachlichen Austausch und Klönen. Der erste im Monat ist „Fahrabend", da werden die Züge auf der Anlage nach einem ausgeklügelten Fahrplan bewegt. Gelegentlich, wie etwa am „Tag der offenen Tür" im November, können auch Nichtmitglieder einen Blick auf die Modellanlage werfen und ihre geheimsten Träume zumindest visuell ausleben. Interessierte sind im Stellwerk jederzeit freitags gern gesehen. Aber achten Sie auf die richtige Terminologie: Sagen Sie, wenn Sie mitreden wollen, nie Ho (also H-oh), sondern bitte „Ho" (also H-Null, als Abkürzung für Halb-Null, Maßstab 1:87). Das ist die richtige Bezeichnung für die hier verwendete Nenngröße.
Der Standort des Vereinsheimes ist Prinzip: Das ehemalige Rangierstellwerk „Cso", an den drei charakteristischen Formsignalen von der Straße aus mühelos zu erkennen, liegt direkt an den Bahngleisen. Hier ist auf drei Etagen ein kleines Eisenbahnparadies mit Vorführ-, Bastel- und Clubraum samt Küche entstanden, ganz oben steht mit knapp fünfzig Quadratmetern die Modellbahnanlage – mit hervorragender Aussicht auf die ein- und ausfahrenden Züge der großen Bahn. Die Anlage umfasst eine zweigleisige Hauptbahn von fast 90 Metern Streckenlänge in Form eines mehrfach verschlungenen Ovals, drei größere Bahnhöfe sowie eine eingleisige Nebenbahn zu einem vorläufigen Endbahnhof. Fast 380 m Gleise sind verbaut, 135 Weichen und 84 Signale werden von fünf Stellpulten angesteuert, ein elektronisches Blocksystem mit Gleisbesetztmeldung regelt die Zugfolge zwischen den Bahnhöfen – eine Zeitreise in die erste Hälfte der sechziger Jahre mit Dampf- und Dieselloks, Epoche III eben (in BRD 1949 bis 1967). Nur etwas für eine Handvoll „Spinner" oder „Möchtegernjungbleiber"? Weit gefehlt! Modelleisenbahnen gibt es seit 1784 (erste Nachbildungen in Deutschland um 1840) und sind seitdem ungebrochen Trend, egal, ob für den eigenen Zeitvertreib oder speziell für Lehre und Forschung eingerichtet wie an den TUs Dresden, Berlin und Darmstadt oder an der Uni Hannover. Die derzeit größte Modellanlage „Miniatur Wunderland" ist als Dauerausstellung in der Speicherstadt in Hamburg zu sehen, ihr folgen Berlin mit „Loxx Miniatur Welten", Gelsenkirchen mit „Deutschlandexpress" und Bad Driburg mit der „Modellbundesbahn".
Aber wie schon gesagt, man kann sich ja auch mal die Celler Anlage anschauen!

Weitere Infos: www.lokomotive.de/CEM/index.htm
Anfragen: (0 50 86) 23 14
Standort und Navigation: Vereinsheim | Celle, Waldweg, Ecke Schildenstraße

Der Pirol

39 Der Pirol

Ein Plätzchen zum Zwitschern

Celle hat nen Vogel. Schließlich denkt man doch gemeinhin bei dem Begriff „Pirol“ an einen Vogel. Oder etwa nicht? Pirole sind diese gelbschwarzen Piepmätze mit den orangefarbenen Schnäbeln, die an ihrem typischen „dü-delüü-lio“ oder „büloo-büloo“ erkennbar und oft um Wienhausen herum zu hören sind. Nie in Celle gesehen oder gehört? Macht nichts, wir haben hier ja auch nicht irgendeinen Pirol, sondern eben den Pirol und der ist auch nicht gelb und noch nicht mal wirklich ein Vogel, sondern eine urige Weinstube, die man dem Städtchen Celle so kaum zutrauen mag.
Verborgen im hintersten Winkel des Innenhofes vor der Borchers-Passage und so klein, dass drinnen im Schankraum wie draußen auf der Veranda gerade mal je sechs Tische Platz finden, kann man sich im Pirol seit 2002 vortrefflich „einen zwitschern“. Dabei hat man die Qual der Wahl. Der Betreiber, Jean André Priol, Gastronom und Lebenskünstler, hält es da mit Goethe, der einst angeblich sagte: „Das Leben ist zu kurz, um schlechten Wein zu trinken“, und bietet Weinsorten der feinsten Art an, etwa von den Weingütern Heger und Sacherer aus dem Badischen, Pfälzer von Kühn, Frankenwein von Fürst oder Stodden von der Ahr. Dazu kann man Käse, Salami, Buletten und Flammenkuchen ordern, alles selbst gemacht, und beim gemütlichen Plausch auch durchaus mal mit anderen Gästen ins Gespräch kommen. Für die norddeutsch gekühlten Celler Verhältnisse ist das beinah ein „no go“, doch im Pirol durchaus möglich. Die Weinstube ist ein ständiger Treffpunkt von „Vögeln“ aller Art, Pfaffen wie Philosophen, Schauspielern oder Sängern, Künstlern und Lebenskünstlern. Die Stadtkantorei hat die Weinstube als feste Institution in ihre Rituale eingebettet und lässt so manche Probe dort feuchtfröhlich mit Wein und Gesang ausklingen. Dann allerdings wird's eng in der kleinen gemütlichen Weinstube, die vormals eine Backstube war.

Öffnungszeiten: montags bis samstags 18 – 24 Uhr, sonntags Ruhetag
Standort und Navigation: Altstadt | Celle, Neue Straße 3, Passage

40 Skulpturen 3

Kunst im Stadtgebiet

Dritte Runde Kunst im öffentlichen Raum in Celle:
Der Maler, Graphiker und Bildhauer Otto Herbert Hajek schuf die Plastik „Arbeitswege“. Aus vier Betonstelen gearbeitet, steht sie vor dem ehemaligen Arbeitsamt in der Welfenallee und stellt damit eine Verbindung zwischen Verwaltung, amtlicher Tätigkeit und Kunst her. Hajek, geboren 1927 im tschechischen Kaltenbach, studierte und lehrte an der Staatlichen Akademie der Bildenden Künste in Stuttgart und war auf der documenta (1959 und 1964) in Kassel vertreten. Von 1972 bis 1979 war er Vorsitzender des Deutschen Künstlerbundes. Er starb 2005 in Stuttgart.
Die Bronzeskulptur „Himmelsrichtungen“ in Wietzenbruch stammt aus der Werkstatt des Münsteraner Bildhauers Jürgen Weber und zeigt mehrere Gesichter. Sie stehen für klimatische Erscheinungen wie Sonne, Wind, Donner, Regen und Wolken. Weber absolvierte zunächst eine Lehre als Bronzegießer, bevor er Medizin, Kunstgeschichte und Bildhauerei an der Kunstakademie Stuttgart studierte. Von 1961 bis zu seiner Emeritierung 1996 lehrte er als Professor an der TU Braunschweig im Fachbereich Architektur. Weber, Jahrgang 1928, starb im Juni 2007 auf Ibiza.
Wenig beachtet steht im Stadtteil Klein Hehlen „Volkslied“, eine 1962 von der Halbdänin, Bildhauerin und Malerin Yrsa von Leistner geschaffene Skulptur. Die mädchenhafte Figur, vermutlich einst Teil eines kleinen Brunnens, ist unvollständig. Ursprünglich trug das Mädchen wohl eine Harfe in der Hand, aus der Wasser floss. Von Leistner, als „Adenauers Lieblingsbildhauerin“ und durch ihre Büste von Sauerbruch (zu sehen in der Berliner Charité) bekannt geworden, war Meisterschülerin in der Akademie der Bildenden Künste in München und Ehrenprofessorin der Universität in St. Louis. Sie starb 2008 in Siegburg.
„Transport“ und „Im Zeichen der Eule“ sind zwei Plastiken, die in Hustedt auf dem Gelände der Heimvolkshochschule zu sehen sind. Die Idee zur Plastik „Transport“, welche symbolisch Begriffe wie Technik, Arbeit und Fortschritt umgesetzt sehen möchte, entstand während einer Fortbildung von Industrieangestellten in Zusammenarbeit mit der Gruppe Kontakt-Kunst-Hildesheim. Hinter der Gruppe stecken die Bildhauer Otto Almstadt (Jg. 1940), Moritz Bomann (Jg. 1939) und Hannes Meinhard (Jg. 1937), künstlerisch tätig in und um Hannover und Hildesheim. Die Umsetzung erfolgte durch Auszubildende der Salzgitter-Peine-Stahlwerke.
„Im Zeichen der Eule“ stammt aus der Werkstatt des gebürtigen Krefelders und Bildhauers Mic Leder und zeigt drei Steinblöcke, welche eine Schar Eulen darstellen – Symbole der Weisheit. Leder studierte freie Kunst in Berlin, Stuttgart und Kassel und schloss mit Bildhauerei ab. Er war an der Kunstakademie Kassel tätig und lehrte in Celle und Kassel. Zusammen mit seiner Frau arbeitet er im Atelier „Glas Kunst Bildhauerei,, in Kanzem südlich von Trier.

Standorte und Navigationen:
Arbeitswege, Neustadt | Celle, Welfenallee, Höhe Lauensteinplatz
Himmelsrichtungen, Wietzenbruch | Celle, Jacobiweg, (zwischen, den Häusern der Lobetalarbeit e. V.)
Volkslied, Klein Hehlen | Celle, Lortzingstraße 23 (Vorgarten)
Transport und Im Zeichen der Eule, Hustedt | Celle, Zur Jägerei 81

41 Auf den Spuren von Herbert Blasek

Den Menschen zur Freude, Gott allein zum Ruhm

Wenige hier kennen seinen Namen. Dabei hat der Künstler Herbert Blasek, der sozusagen direkt vor der Haustüre ansässig war, in Celle einige Spuren hinterlassen. Blazek wurde 1912 als Sohn eines Bergmanns in Wathlingen geboren und starb 2006 in Wienhausen. Seine Arbeiten sind von tiefer Religiosität geprägt: „den Menschen zur Freude, Gott allein zum Ruhm" war ihm stets Leitmotiv, Motto, Ansporn und Eingebung für sein künstlerisches Tun. Er schuf Ölbilder, Zeichnungen und Sgraffiti (Kratzputz, vom italienischen Verb „sgraffiare", kratzen, abgeleitet), schwelgte in Farben, ließ sich von „spontanen Impulsen eines gelebten Augenblicks" inspirieren und mochte es ganz besonders, mit Holz zu arbeiten. Bäume waren für ihn Sinnbilder des Unvergänglichen und Quellen seiner Lebenskraft. Er bearbeitete daher für seine Werke oftmals Eichenbalken aus alten Häusern.

Im Celler Stadtgebiet stehen zwei Blasek-Holzstelen. In der Blumlage befindet sich eine Stele, die der Künstler 1980 aus einem Eichenstamm schuf, der aus einer Mühle bei Neustadt am Rübenberge stammt. Sie zeigt einen Fischer mit ausgeworfenem Netz, eine Inschrift erklärt die Aussage der Stele, sie soll an die Zeit der Masch/Blumlage als Fischersiedlung erinnern.

Die Eulenspiegel-Stele steht im Südwall vor dem Eingang zum Französischen Garten. Eulenspiegel in Celle? Ja, nach zwei Erzählungen von 1512 war er hier. Diese besagen „bey Zell in dem Lande Lüneburg, da that Eulenspiegel eine abenteuerliche Büberey, dass ihm der Herzog zu Lüneburg das Land verboten hatte, und wenn er darin gefunden würde, so sollte man ihn fangen und danach henken".

Blaseks künstlerischer Nachlass umfasst ebenso viele sehenswerte Malereiarbeiten, zum Beispiel das Altarbild in der Garßener Markus-Kirche. Dazu kommen wunderbare Gemälde im Bieneninstitut und Landgestüt. Er war außerdem viele Jahre lang Porträtist der Celler Hauptkönige (Schützenkönige).

Im November 2012 widmete das Kulturhaus Wienhausen Herbert Blasek eine eigene Ausstellung anlässlich seines 100. Geburtstages. Hier, an der alten Wohnstätte und wo seine Witwe noch immer ansässig ist, tritt sein Wirken ganz besonders hervor, seine künstlerischen Spuren sind im Ort überall zu finden.

Standorte und Navigationen:
Maschstele Blumlage | Celle, St. Georg-Straße
Till-Eulenspiegel-Stele | Innenstadt | Celle, Südwall, vor Café Müller
Gemälde Bieneninstitut | Celle, Herzogin-Éléonore-Allee 5
Gemälde Landgestüt | Celle, Spörckenstraße 10
Altarbild Markus-Kirche | Celle, Quellweg

42 Die öffentlichen Bücherschränke

Lesestoff stets griffbereit

Ist Ihnen das schon mal aufgefallen? Seit 2011 gibt es in Celle – wie mittlerweile in vielen anderen Städten auch – an mehreren Stellen sogenannte offene Bücherschränke. Das sind Schränke, Regale, Boxen, Kisten oder auch mal alte Telefon- oder Trafohäuschen, die umfunktioniert wurden, und allesamt bergen sie Bücher jedweder Art – vom Klassiker bis zum Roman und vom Krimi bis zum Sachbuch, für alle Altersgruppen und für jedermann und jedefrau kostenlos zugänglich. Hier können also Interessierte anonym, zwang- und kostenlos und einfach so, ohne Anmeldung, Chip oder Ausweis, Bücher herausnehmen und ebenso auch darin anbieten. Das Konzept dahinter ist so simpel wie ungewöhnlich: Bücher auswählen, lesen, eventuell zurückstellen, denn das Zurückbringen erfolgt auf freiwilliger Basis, ebenso das Einstellen. Und es funktioniert!

Entstehung und Idee entwickelten sich in den 1990er Jahren, um den unkomplizierten Austausch von Lesestoff zu ermöglichen. 1991 war die Sache zunächst als künstlerischer Akt und „kostenlose Freiluft-Bibliothek" vom irländisch-israelischen Aktionskünstler-Duo Michael Clegg und Martin Guttmann erdacht worden. 2002 prämierte die Bürgerstiftung Bonn einen ähnlichen Entwurf der 1977 geborenen Künstlerin Trixy Royeck, der im Rahmen eines Wettbewerbes entstanden war. Seitdem sorgen diese kostenlosen „Büchertankstellen" nicht nur in Deutschland für Furore. Auch Österreich schmückt sich, ebenso wie die Schweiz, seit einiger Zeit mit dieser besonderen Form von Kunst.

Initiator der öffentlichen Bücherschränke in Celle ist das „atelier 22", ein Verein zur Förderung von Kunst und Kultur vor Ort, der den ersten Schrank 2011 in der Bahnhofstraße mit einem Bestand von rund 240 Büchern aufstellen ließ. Literatur ist Kunst, so argumentierten die Vertreter zur Eröffnung, und Kunst darf kein Geld kosten. Ganz einfach. Hergestellt wurde der erste öffentliche Bücherschrank im Werkstatt-Treff Mecklenheide in Hannover, einem Verein, der Erwerbslose in Zusammenarbeit mit der Job Center Region Hannover an Arbeitsprozesse heranführt. Es folgte ein weiterer Schrank, aufgestellt im April 2012 durch die Bürgerstiftung Celle. Dieser ist als „öffentliche BookCrossing Zone" (OBCZ) bei bookcrossing.com unter dem Namen „BuecherBoxCelle" gelistet. Dort können Bücher registriert und mit einer sogenannten BookCrossingIDentnummer (BCID) gekennzeichnet werden, so können deren Wege im Internet verfolgt werden. Ebenso ist der Bücherschrank am Schlossplatz bei Tauschgnom.de unter „offene Bücherschränke" gemeldet. Drei weitere Schränke, gesponsert von Stiftungen oder Kirchengemeinden, sind im Stadtgebiet ebenfalls noch zu finden. Keine Angst vor Vandalismus? Doch, natürlich, auch hier in Celle. Aber wer nicht wagt, der nicht gewinnt – der Nutzen ist weit höher als der Schaden. Zudem gibt es sogenannte Bücherschrankpaten, die ihr achtsames Auge darauf haben, dass nichts passiert und denen die Pflege der Bücherschränke obliegt.

Standorte und Navigationen:
Neustadt Celle, Kirchstraße (am Friedhof Neuenhäusen, Kirche), und Bahnhofstraße (Fußgängerampel, Mitte Triftanlagen)
Heese; Celle, Heese 48, (Alte Schmiede) und Rostocker Straße (Kirche bzw. Laden der Pauluskirche)
Celle Altstadt, Schlossplatz (gegenüber AOK)

Sankt-Geo

43 Sankt-Georg-Straße

Ein Spaziergang durch die alte Masch

Den Ort Blumlage gab es wohl schon lange, bevor Celle 1292 überhaupt gegründet wurde. Urkundlich erwähnt wird er erstmals 1308. Darin wird dem Propst von Wienhausen eine Entschädigung dafür zugesprochen, dass er das Sendgericht (kirchliches Gericht, bei dem die Vergehen der Bürger von Geistlichen und Weltlichen geahndet wurden), in Celle abhalten musste – statt in Wienhausen. Ihm wurden dafür zwei Häuser in „de Blomenlage verschrieben". Immer wieder finden sich später Hinweise zur Vorstadt „Blumlage", die sich zunächst auf die Gegend um die Bergstraße begrenzte und heute aus Teilen der Celler Altstadt und dem Stadtteil Blumlage zusammensetzt, nördlich von der Aller und südlich von der Fuhse umgrenzt. Die Lage an den Flüssen bedingt auch die Gegend als Masch- oder Schwemmland, der gesamte Stadtteil wird heute noch gerne kurz und knackig als „Masch" bezeichnet und die Bewohner derselben als Mascher – was nicht aus allen Münden gleichermaßen wohlwollend klingen muss. Ein Mascher wird von den „Städtern" auch gerne mal zum kleinkriminellen Proletarier degradiert. Zu Unrecht, auch wenn einst dort ein stadtbekanntes Bordell betrieben wurde. In der Blumlage, der Masch also, siedelten sich vornehmlich Arbeiter, Handwerker und Kleinhändler an. Im Laufe der Zeit wurde der Stadtteil zur Hochburg der Arbeiterbewegung. Vor 1933 lebten in der Blumlage auch die meisten jüdischen Bürger, dort steht heute noch die Synagoge, siehe auch S. 72. Eine Besonderheit stellt die bis heute bestehende Gemeinschaft mit Sinti- und Romafamilienmitgliedern dar, die zum Brotwerweb vor allem dem Schrotthandel nachgehen. Aus dieser gewachsenen Nachbarschaft entwickelte sich das heute noch in der Blumlage gesprochene, sogenannte Celler „Mascherdeutsch", eine Mischung aus Romani (Sintitikes), örtlichem Platt und Deutsch.

Die dringend notwendige und leider nicht sehr behutsam durchgeführte Sanierung des Stadtteiles in den Achtzigerjahren verdrängte viele der teils winzig kleinen und schmalen Fachwerkbauten, die man heute auch noch entlang der Straße Blumlage, die stadtauswärts Richtung Braunschweig führt, erblicken kann. Doch in der Sankt-Georg-Straße kann man ahnen, wie die Masch (wie die Straße ganz früher hieß) mal ausgesehen haben mag. Hier schmiegt sich Häuschen an Häuschen, klein, urig, krumm, schief und verwinkelt, dazwischen die neueren Häuser, möglichst dezent eingefügt. Und mittendrin: ein Hotel, welches aus drei Fachwerkhäusern besteht und fußläufig zur Innenstadt ein gemütliches und sehr ruhiges Quartier bietet.

Die Sankt-Georg-Straße, den heutigen Namen verdankt sie dem im Jahre 1392 erbauten Siechhaus Sankt Georg, damals am Rand der Blumlage gelegen, ist heute paradiesisch ruhig. Das mag früher, als sie der Dreh- und Angelpunkt der Masch war und hier der morgens geangelte Fisch wie manch' Federvieh oder ähnliches verkauft wurde, anders gewesen sein. Das Flair von damals lässt sich freilich immer noch erahnen und lädt zum Verweilen ein.

nfos Mascherdeutsch/Sprache: de.wikipedia.org/wiki/Sintitikes
tandort und Navigation: Blumlage | Celle, Sankt-Georg-Straße (Fußgängerzone)

44 Zwei weiße Grabstelen auf dem Harburger Bürgerfriedhof

Das Grabmal der Beckmannschen Kinder

Der 4. September 1879 ist ein warmer Spätsommertag. Der siebzehnjährige Grossistensohn und Gymnasiast Alfred Beckmann, seine zwei Jahre jüngere Schwester Cäcilie und deren ebenfalls fünfzehnjährige Freundin Anna, die Tochter des Appellationsgerichtrates Friedrich Karl Philipp Krüger und seiner Frau Auguste, machen sich zusammen auf zu einem Bootsausflug auf der Aller. Da passiert es: Warum auch immer, die drei Jugendlichen ertrinken im Fluss.

Celle trauert. Vater August und Mutter Christine Beckmann können, ebenso wie Annas Eltern, nicht mehr als nur noch eines tun – ihren Kindern ein würdiges Denkmal setzen, das auch ihre eigene Lebenszeit noch lange überdauern soll.

Die Grabstätte der Beckmannschen Kinder finden Sie heute noch auf dem alten Bürgerfriedhof am Harburger Berg. Auf dem Teil stadtauswärts rechts der Straße gelegen, die den Friedhof seit 1826 teilt, stehen an einem Seitenweg zwei weiße, mit Inschriften versehene Marmorstelen (hinter schwarzen Grabplatten), die einst zwei Kreuze schmückten. Die Grabstätte wurde 1882 um eine, ebenfalls aus Marmor geschaffene Statue, eine wunderschöne, trauernde Frauengestalt (vom Celler Bildhauer Carl Ferdinand Hartzer) ergänzt, die höchst wahrscheinlich mittig auf einem Sockel und zwischen den Kreuzen angeordnet stand. Die Cellesche Zeitung berichtete von der Errichtung seinerzeit in der Tagespresse mit den Worten, „ihnen wurde ein wohl die größte Sehenswürdigkeit des schönen Gottesacker bildendes Denkmal gesetzt".

Die Zeit, vor allem aber mutwillige Verwüstung und Zerstörung haben ihre Spuren hinterlassen, die Figur für die Beckmannschen Kinder ist leider nicht mehr erhalten. Ein Gipsmodell, das mit sehr großer Wahrscheinlichkeit genau diese Figur darstellt, ist im Museumsdepot, siehe auch S. 40, eingelagert. Die vom Volksmund als „trauende Mutter" bezeichnete Sandsteinfigur (ohne Kopf und ebenfalls von Hartzer) wenige Meter westlich gelegen, gehörte einst zum Grabmal des Kaufmanns Karl Georg Schultz, der als Mäzen und Förderer Hartzers diese sitzende Figur bereits zu eigenen Lebzeiten für seine letzte Ruhestätte gewählt hatte.

Von der langen Geschichte des Bürgerfriedhofes am Harburger Berg erzählen manche Grabsteine. Der ein oder andere Celler „Promi" hat darauf, genau wie die beiden Geschwister Beckmann und der Kaufmann Schultz, seine letzte Ruhestätte gefunden. Viele der Grabmale erinnern an Menschen, die hier vor Ort etwas bewegt haben. Namen wie Pfingsten, Trüller, Bomann oder Goedecke sind mit Celle bis heute verwoben. Der Dichter Ernst Schulze liegt hier, auch Lüderitz, der Hoftuchhändler, Scheller, der Gründer des ersten Entbindungshospitals (siehe auch S. 18), der Arzt und Sanitätsrat Lindenberg, dem das Allgemeine Krankenhaus seine ersten weißen Fliesen für den OP sowie Verbandsräume zu verdanken hat, ebenso wie Rottmann, der Begründer der Ratsapotheke, oder Huth, der erste Inhaber des Feinkostgeschäfts.

Standort und Navigation: Hehlentor, alter Bürgerfriedhof | Celle, Harburger Straße (unteres Drittel, rechts halten)

45 Gut Tannholz

Schieblers einstige „Königliche Hof-Sämereihandlung und Baumschulen zu Celle“

An den Namen erinnern heute die „Schieblerstraße“ am Stadtfriedhof und „An der Baumschule“ in Vorwerk, das alte Stammhaus in der Lüneburger Straße 66 (heute Grünflächenamt) – und eine alte Apfelsorte. Die Schieblersche „Königliche Hof-Sämereihandlung und Baumschulen zu Celle“ war, so wird es in der Familie tradiert, die größte Baumschule Europas. Sie erstreckte sich über 100 Hektar von Vorwerk bis zur Lüneburger Straße. Der Erste Weltkrieg jedoch wurde dem Unternehmen zum Verhängnis.

1775 gründete der Spandauer Johann Friedrich Schiebler eine kleine Gärtnerei und führte hier den Anbau von Kartoffeln und Tabak ein. Schieblers Pflegesohn Johann Heinrich Ebermann führte ab 1817 das Geschäft weiter. 1834 erschien der erste Katalog mit Stichwortverzeichnis, aufgelistet waren etwa 120 Apfel- und 50 Birnensorten. Ebermanns ältester Sohn Jakob Friedrich Ludwig erlernte ebenfalls den Beruf des Gärtners, der ihn in die großen Gartenanlagen Europas führte, bis er als Siebenundzwanzigjähriger zurückkehrte und in das Familienunternehmen eintrat. Unter seiner Leitung wuchs der Betrieb. Er erwarb unter anderem das Gut Tannholz, an der neu gebauten Bahnlinie Hamburg–Hannover ideal gelegen. Anstatt ein Haus darauf zu bauen, ließ er ein zweigeschossiges Fachwerkhaus, das Burgvogteihaus der Vorburg des Schlosses, auf sein Gut versetzen. Es steht heute noch dort und ist das älteste erhaltene Gebäude der herzoglichen Vorburg, welches ungefähr dort, wo sich heute das Bomann-Museum befindet, einst gestanden hatte.

Auf Anregung des Königs von Hannover anlässlich seines Besuches auf Gut Tannholz ließ Jakob seinen Nachnamen ändern und nannte sich fortan Schiebler. Er erfand einige neue Züchtungen wie „Schieblers Tauenapfel“, einen feinen Tafel- und Wirtschaftsapfel mit süßsäuerlichem, festem Fruchtfleisch, genießbar ab November und bis Anfang Februar haltbar. Dazu kamen die Apfelsorte „Schieblers Herbstborsdorfer“, eine Maierbse namens „Schieblers Mörgenröte“, „Schieblers neue Zuckerrunkel“ oder „Schieblers rote Eierpflaume“. Er machte aus der einstigen kleinen Gärtnerei eine Firma von Weltruf. Das Preisverzeichnis umfasste 1854 um die 25 eng bedruckte Seiten.

Jakob Friedrich Ludwig Schiebler ruht wie auch einige weitere Familienmitglieder auf dem verwitterten Privatfriedhof von Gut Tannholz jenseits der Bahnstrecke. Seinen Grabstein zieren der sechszackige Stern, Symbol der Freimaurer (er war Mitglied der Loge des „Hellleuchtenden Sterns“ in Celle), und das Motto, welches der Gründung von Gut Tannholz am 6. Januar 1853 zugrunde lag: Nulla dilatio! Darunter steht:

DAS LEHRT DICH RATIO, DIE DA LAUT UND WEISZLICH SPRICHT: FRISCH GEWAGT! UND SÄUME NICHT!

Die Nachfahren Schieblers leben heute wieder auf Teilen des Guts. Neben dem Burgvogteihaus, einem „Schieblers Taubenapfel“-Baum und dem Gründerstein hat das alte Gut noch eine Besonderheit aufzubieten: eine sehr alte Baumgruppe von fünf Stieleichen (Pyramideneichen) von besonderer Schön- und Seltenheit.

Standort und Navigation: zwischen Groß Hehlen und Vorwerk | Celle, Tannholzweg 6

46 Die halben Häuser

Verständliches „Menscheln“ im Barock

Die Geschichten, die im Volksmund zu den „halben Häusern“ in Celle kolportiert werden, sind nett, nur stimmen sie leider nicht. Weder ein erbitterter Bruderzwist ist verantwortlich für die Erbauung derselben, noch hatte der Teufel die Finger im Spiel und „zerspellte“ ein ganzes Haus in zwei Hälften, wie die Legende uns heute noch glauben machen möchte. Wir verdanken sie einfach dem allzu verständlichen „Menscheln“ der Leute, in dem Fall dem Streben nach mehr Ansehen und Anerkennung der damaligen Innenstadtbewohner, der Hofbediensteten und Bürger höheren Standes.

In Celle wurde, dank Éléonore d’Olbreuse, der Frau der Herzogs, im Barock „auf Französisch“ Hof gehalten, ausländische und höfische Beamte strömten in der Mitte des 17. Jahrhunderts in Scharen in die kleine Residenzstadt. Als demzufolge in der Westceller Vorstadt südlich und westlich des Schlosses ein schickes Palais nach dem anderen aus dem Celler Boden schoss und dort barocker Prunk und höfische Pracht sich allmählich aufreihten wie an einer Perlenschnur, wollten auch die Bewohner der Altstadt und der damals noch um die Bergstraße gelegenen Blumlage (das war seinerzeit der älteste Celler Vorort) nicht nachstehen. Die heimischen Hofbediensteten und höher gestellten Bürger schickten sich daher an, aus Prestigegründen ihre eigentlich ja auch schon recht ansehnlichen Hofanlagen „aufzupeppen“, und zwar ganz nach dem Vorbild barocker Baukunst. In die tiefen Innenhöfe wurden hinten Querbauten eingezogen. Die Hofeinfahrten wurden auf ein eleganteres und engeres Maß verringert, nämlich gerade mal Kutschenbreite. Was tat man? Wer auf sich hielt, zog einfach rechts und links der Hofeinfahrt so genannte Flankierbauten ein, die bald die „halben Häuser“ genannt wurden, und schon konnten die Innenstadtbewohner mit der neuen Barockpracht in der Vorstadt mithalten und ebenfalls zeitgemäße und repräsentative Anwesen nach neuestem Vorbild vorzeigen. Inwieweit die Veränderungen allseits anerkannt wurden oder dem gesellschaftlichen Ansinnen der ambitionierten Bauherren Nutzen trugen, sei hier dahingestellt. Sehr anschaulich jedenfalls sind noch zwei Flankierbauten aus der Zeit um 1710 in der Bergstraße erhalten; die beiden Seitenanbauten stehen rechts und links am Eingang zum „Posthof“. Bei diesem Bewohner indes brauchte es ein wenig Zeit, bis er die baulichen Mängel erkannte. Zu dem Zeitpunkt nämlich war der gute „Heideherzog“ Georg Wilhelm, Éléonores Ehemann, längst verblichen und die Herzoginwitwe lebte auf ihrem neuen Wohnsitz, dem Lüneburger Schloss. Aber die Barockzeit dauerte ja schließlich kunsthistorisch gesehen noch etwas länger, nämlich bis etwa 1780.

Weitere Seitenanbauten befinden sich an einigen Häusern vom Großen Plan auf der Rückseite am Südwall. In der Schuhstraße ist ebenfalls noch ein einzelner Flankierbau zu sehen. Möglich ist hier auch, dass ein ganzes Gebäude abgetragen und um einen Seitenanbau ersetzt wurde, um die Hofeinfahrt standesgemäß darzustellen.

Standorte und Navigationen: Altstadt | Celle; Bergstraße 1 a + 1 b, Schuhstraße 18, Südwall

47 Von Kerzen, Knöpfen und Keksen

Alte Fabrikgebäude im Celler Stadtgebiet

Celle ist eine reine Beamtenstadt? Von wegen! Fabriken allüberall...
Eine der ersten Fabriken war die Hutmanufaktur Gabain. Kerzen wurden ab 1696 in der Wachsbleiche und Kerzenfabrik Franz Guizetti hergestellt, die Firma Hostmann-Steinberg entwickelte sich aus einer Schwärzefarbrik und gilt als erste ihrer Art in Europa. Die Cappellsche Tuchfabrik und eine Papierwarenfabrik standen in der Mühlenstraße. Die Waagenfabrik Westphal belieferte Kunden in aller Welt, die Wollgarnfabrik Bomann in der Hannoverschen Straße war bekannt für ihre Wollsorte „Graue Wand". Seife wurde hinter dem Bahnhof produziert, beispielsweise die Seife Cellensia. Kenner wissen heute noch, Habich- oder Bruns-Tabak kam aus Celle. Täglich fast 2000 Regen- und Sonnenschirme wurden in der Schirmfabrik Hugo in der Zöllnerstraße, später Blumlage, hergestellt und ebenfalls in alle Welt verschickt. Dort lag auch die Kaschieranstalt Achilles. In der Blumlage gab es die Wagenfabrik Prahler, am Nordwall die Speiseeisfabrik des Italieners Alessandro Talamini. Die Bürstenfabrik Borchers & Bonorden stellte ihre Ware Im Kreise her. In der Emigrantenstraße stand die Kachelofenfabrik Balke. Die „Celler Mühlenwerke" lagen, ebenso wie die Kochherdfabrik Kipp, in der Breite Straße. Lederwaren kamen aus den Wehlschen Lederfabriken, in der Hehlentorstraße saß die Strickwarenfabrik Mertsching. Die „Celler Knopffabrik" galt Ende der dreißiger Jahre als deutscher Musterbetrieb. Es gab die Regenmantelfabrik Kammann, die Stuhlfabriken Mundhenke und Krumwiede, eine Fabrik für Handschuhe und Bandagen sowie die Maschinenfabriken Hasselmann und Schäfer. Die Brauerei Schilling lag am Bremer Weg, die Firma Berkefeld stellte und stellt Filter her, die Gebrüder Reinhold in der Speicherstraße arbeiteten mit Kieselgur (Ablagerungen aus Algen), Haacke eröffnete dort 1879 seine Fabrik für Wärmeschutzmasse. Nicht zu vergessen sind die Zuckerwarenfabrik Hans Teitge in der Neustadt, die Ehlersche Kurzwaren- und die Ehlersche Zwiebackfabrik sowie die berühmte Zwieback- und Keksfabrik von Harry Trüller, seinerzeit weltweit mit die größte ihrer Art. Trüller war unter anderem auch einer der Väter der Celler Straßenbahn, die von 1907 bis 1956 durch Celles Straßen ratterte. Die Metallwarenfabrik Altona in der Wittinger Straße fertigte nach Haeslers Entwürfen die „Celler Volksmöbel", der Schneekluth Verlag wurde einst (1949) in Celle gegründet, Telefunken fabrizierte früher in Celle TV- und Radiogeräte.
Musikinstrumente, Bier, Branntwein, Bücher, Kaffee, Knäckebrot, Orchideen, Essig, Likör, Papier, Krawatten, Teppiche, Korbwaren, Werkzeuge, Streichhölzer, Spielkarten, Bleistifte, Watte, Siegellack, Wachswaren, Kosmetik, chirurgische Instrumente und noch viel mehr – in Celle wurde und wird mal mehr, mal weniger hergestellt. Manches altes Fabrikgebäude (oder Fabrikantenvilla) zeugt heute noch von den großen Blütezeiten, als die Bahnlinien gegründet und die Schifffahrt mehr und mehr für die Warenverteilung genutzt wurde. Ein Spaziergang zu den alten, teilweise noch erhaltenen Fabrik(teil)gebäuden vermittelt einen Eindruck der wirtschaftlichen Größe der Stadt in früheren Zeiten.

Standorte und Navigationen:

Lederfabrik Wehl | Celle, Wehlstr. 2 (Villa); Biermannstr., Ecke Hafenstr. (Fabrik)
Farbenfabrik Hostmann-Steinberg | Celle, Bremer Weg 125
Bürstenfabrik Borchers & Bonorden | Celle, Im Kreise 4
Capellesche Tuchfabrik | Celle, Mühlenstr. 24 und 26 (Villa)
Schirmfabrik Hugo | Celle, Zöllnerstr. 34
Zuckerwarenfabrik Teitge | Bullenberg 4 (Villa)
Kochherdfabrik Kipp | Celle, Breite Straße, Ecke Kirchstraße
Filterfabrik Berkefeld | Celle, Wohngelände Wittinger Straße
Zwiebackfabrik Ehlers |Celle, Alter Bremer Weg, Ecke Kapellenberg
Keksfabrik Trüller | Celle, Torplatz 2 (Verkaufshäuschen), Wiesenstaße Ecke Meteorstraße (Fabrikreste), Westcellertorstraße 15 (Villa Wohn- und Geschäftsräume)

48 Die Friedensglocke der Stadtkirche Sankt Marien

Den Frieden lasse ich euch, meinen Frieden gebe ich euch...

Freitagabend, 20 Uhr. Manchmal, und je nachdem, wie der Wind steht, kann man sie bis in den letzten Winkel von Celle hören: Die Friedensglocke der Stadtkirche Sankt Marien zu Celle. Als die Glocke am 28. Oktober 2008 anlässlich des 700-Jahr-Jubiläums der Stadtkirche vom Stadtrat gestiftet und unter großem Interesse der Stadtbevölkerung zur Glockenstube hinaufgehievt wurde, war das ein ganz besonderes Spektakel, doch niemand ahnte damals, dass das Geläut eine solche Wirkung auf die Menschen in der Stadt ausüben würde. Viele erwarten seitdem in stiller Vorfreude allwöchentlich den ganz besonderen Moment, wenn die Friedensglocke am Freitagabend ihre Botschaft hoch über den Dächern von Celle verkündet.

Die Bedeutung des Wortes „Frieden" ist uralt und stammt aus dem indogermanischen Sprachgebrauch. Eine ganze Gruppe von Wörtern gehört dazu: „Freude", „Freiheit", „Befriedung". Der wohltuende Klang (Schlagton ges°) versteht es zu berühren, er schenkt denen, die sich einlassen, tatsächlich für einen Moment Frieden und die tiefe Bassglocke läutet genau dafür – aber auch für Freiheit, Gewaltlosigkeit und Verständigung unter den Menschen. Sie läutet für die auch heute noch so bedeutsame Berechtigung der altmodischen Tugend „Friedfertigkeit" – anderen wie sich selbst gegenüber.

2008 in der Glockengießerei Bachert in Karlsruhe gegossen und am ersten Adventsonntag des gleichen Jahres eingeweiht, schwingt die 8.200 Kilogramm schwere Glocke seitdem im 74 Meter hohen Turm der Stadtkirche. Dieser wurde, nachdem der 1516 gebaute Turm bereits nach vierzehn Jahren wieder abgerissen und durch einen Glockenstuhl ersetzt worden war, 1913 neu erbaut. Glockenstube und Glocken können bei einer Turmbesteigung besichtigt werden.

Die Friedensglocke gehört zu einem Ensemble aus vier Läuteglocken und zwei Uhrschlagglocken. Die Glocken des Geläuts schwingen und die Klöppel schlagen dabei an, die nicht schwingenden Uhrglocken werden mit Hämmern angeschlagen. Sie gehören nicht zum Geläut. Die Friedensglocke hat einen Durchmesser von über zwei Metern, der Klöppel allein wiegt 410 Kilogramm. Mehrere Inschriften aus der Heiligen Schrift zieren den Glockenmantel, ebenso das Siegel der Stadtkirchengemeinde, das Wappen der Stadt Celle und der zehn Partnerstädte rund um den Erdball. Die Arche Noah mit Taube und Regenbogen findet sich auf einer Glockenmantelseite, ein filigranes Rautenmuster, das den gesamten Glockenkörper überzieht, soll an mittelalterliche Glockenzier und die für Celle typischen Fachwerkbauten erinnern. Die Kronenhenkel haben die Gestalt von anbetenden Engeln. Eine der Inschriften, dem Johannes-Evangelium entnommen, lautet (oder läutet?): „den Frieden lasse ich euch, meinen Frieden gebe ich euch" (Joh. Kapitel 14, Vers 27).

Standort und Navigation: Innenstadt | Celle, Stechbahn oder An der Stadtkirche

49 Eine Schifffahrt auf der Aller

Den Fluss hoch und wieder runter

Möchten Sie schon lange einmal die Aller entlangschippern, dabei Celle von einer ganz anderen Seite sehen und dazu Erholung pur genießen? Dann sind Sie mit einer Schiffstour auf der Aller gut beraten. Lassen Sie doch mal die üblichen Verkehrsmittel wie Auto oder Bus einfach stehen und steigen Sie um auf die „MS. Wappen von Celle“. Von Mitte April bis Mitte Oktober nämlich gibt es einen regelrechten Linienverkehr zwischen Celle und Bannetze, da fährt das Schiff auf der Aller ab Hafen Celle über Boye, Stedden, Oldau, Winsen bis Bannetze und wieder zurück. An Bord können Sie zunächst „Celle von hinten“ sehen und dazu eine traumhaft schöne Fahrt durch die Allerlandschaft in Natur pur erleben. Falls Sie dabei Hunger oder Durst verspüren sollten – alles kein Problem! Eine kleine Gastronomie bietet Getränke aller Art an, dazu kann man kleine Speisen oder Kaffee und Kuchen ordern.

Feiern auf der Aller? Die „MS. Wappen von Celle“ sowie das Schwesterschiff, die „Allernixe“, stehen von April bis Dezember auch für Feiern aller Art, wie zum Beispiel Geburtstage, Hochzeiten, Firmenfeste oder Jubiläen, als Charterschiffe zur Verfügung – auf Wunsch inklusive Buffet oder Menü in allen Variationen von rustikal bis edel. Der Teakholz-Salon bietet Platz für 65 Personen, das Freideck, welches den besonderen Ausblick auf die Flusslandschaft bietet, weiteren 60 Personen.

Es war im Jahr 1965, als das vom Zerfall bedrohte Celler Hafenbecken für die Verschiffung von Gütern stillgelegt wurde und der Plan bestand, es komplett zuzuschütten, längst nicht abzusehen, dass es jemals wieder eine Fahrgastschifffahrt auf der Aller geben würde. Eine Jahrhunderte alte Tradition in Celle drohte damals zu verschwinden und steht heute erneut auf dem Prüfstand. Es ist dem Celler Alfred Drews zu verdanken, dass die Zuschüttung damals nicht erfolgte und stattdessen in den siebziger Jahren ein Hauptliniendienst eingerichtet wurde. Zunächst fuhr die „Allernixe“ von Winsen nach Celle, später wurde die Linienstrecke erweitert bis Bannetze. Es kamen die Schiffe „Niedersachsen“ und die „MS. Wappen von Celle“ hinzu. Das Linienschiff ist zweiundzwanzig Meter lang, fast fünf Meter breit und wurde 1984 in einer Lübecker Werft erbaut. Mit 90 PS fährt sie cirka 10 km/h oder 5.16 Knoten.

Die Schiffe verkehren bislang sonntags, dienstags, mittwochs und donnerstags um 13 Uhr ab Hafen Celle. Neben der Fahrgastschifffahrt ist der Hafen in fester Hand des 1972 gegründeten Celler Yachtclubs. Dank der zentralen Lage wird er oft von Yachtschiffern aus halb Europa anvisiert – ein idealer Ausgangspunkt für die Erkundung der Stadt.

Bleibt nur zu hoffen, dass sich heute wieder Fürsprecher für die erneut zur Disposition stehende Allerbeschiffung finden und die Politiker die Stimmen hören mögen.

Weitere Infos, Fahrplan, Preise: www.celler-schifffahrt.de
Standort und Navigation: Hafen Celle bis Bannetze | Celle, Hafenstraße

50 Die Miniaturensammlung Tansey

Filigrane Kunst auf kleinster Fläche

Seit Jahrzehnten sammelt das deutsch-amerikanische Ehepaar Lieselotte und Ernest Tansey, welches in Celle ansässig ist, Miniaturen. Das sind klein- bis kleinstformatige Bildnisse, mit Aquarell- oder Gouachefarben (wasserlösliche Farbpigmente mit Kreide vermischt) gemalt und auf Elfenbein, Papier, weiße Steine oder Pergament gebannt. Miniaturen sind sozusagen die Fotos früherer Zeiten, als es noch keine Kameras gab, und wurden häufig als Erinnerung für nahestehende Menschen angefertigt. Seit dem frühen 16. Jahrhundert spezialisierten sich Künstler auf die Fertigkeit der Miniaturmalerei; im späten 18. und frühen 19. Jahrhundert erfuhr diese besondere Malform ihren Höhepunkt, von Paris und London ausgehend, quer durch sämtliche Länder Europas.

Um eine Miniatur zu fertigen, traf sich der Maler mit seinem Modell, oft diente das Atelier des Künstlers, ein lichter Raum, welcher nach Norden gerichtet war und somit keine direkte Sonneneinstrahlung hatte, für die Sitzungen. Gearbeitet wurde im Stehen, meist an einem Stehpult, um die Haltung des Künstlers zu schonen. Die Farben wurden mit Gummi Arabicum gebunden und, um diese elastischer zu machen, oftmals mit Kandiszucker vermischt. Der Künstler malte „ad vivum", das ist ein Ausdruck aus der Kunst und meint sinngemäß „nach dem Lebendigen". Dafür musste das Modell wenige Meter dem Maler gegenüber Platz beziehen und eine möglichst typische Haltung, Mimik und Gestik einnehmen, die seiner Person besonders entsprach und welche Körper und Gesicht so vorteilhaft wie möglich zeigte. Frisuren, Kleidung und Uniformen, Schmuck, Blüten oder andere Accessoires, alles wurde sorgfältig ausgewählt, um eine wirklichkeitsnahe Darstellung zu zeigen. Der Hintergrund wurde später erst dazugefügt, zunächst blieb dieser neutral. Je nach Vorgaben, arbeitete der Maler später Landschaften oder Räume dazu. Der Preis wurde über Größe und Ausarbeitung sowie Rahmung mit schützendem Deckglas inklusive entschieden.

Die in Celle entstandene Kollektion gehört weltweit zu den qualitativ bedeutendsten und umfassendsten Sammlungen der Miniaturmalerei. Alle bedeutenden Maler und Schulen sind vertreten, ein Schwerpunkt liegt auf französischen Miniaturen, besonders sehenswert sind einige Selbstbildnisse der Künstler. Die ältesten Miniaturen stammen aus dem 16. Jahrhundert, die jüngsten vom Beginn des 20. Jahrhunderts. 1997 wurde die umfangreiche Sammlung teilweise in eine Stiftung überführt, die vom Bomann-Museum in Celle betreut wird. Hier werden immer wieder Teile der Sammlung Tansey in wechselnden Ausstellungen gezeigt.

Weitere Infos: www.miniaturen-tansey.de
Standort und Navigation: Innenstadt, Bomann-Museum | Celle, Schlossplatz 7

51 Das Goedecke-Haus

Wo der berühmte Literaturwissenschaftler groß geworden ist

Ob GermanistikstudentIn, AntiquarIn oder einfach nur BücherliebhaberIn – der „Goedecke“ ist denen, die der deutschen Dichtung wirklich kundig sein sollten, wohl so vertraut wie das eigene Hemd. Der Name steht für ein Werk, das aus der hiesigen Literaturlandschaft längst nicht mehr wegzudenken ist, bis heute fortgesetzt wird und aus der Feder von Karl Friedrich Ludwig Goedecke stammt. Es trägt den Titel „Grundrisz zur Geschichte der deutschen Dichtung“ und ist auch heute noch ein viel beachtetes Standardwerk und eine der wichtigsten Sammelbibliografien in der germanistischen Forschung.

Goedeckes ganze Liebe galt der deutschen Dichtung und er war ein sehr fleißiger Mann. Sein Werkverzeichnis, er hat auch unter den Pseudonymen Ernst Fröhlich und Karl Stahl veröffentlicht, umfasst belletristische Werke und politische Texte. Später schrieb er vor allem wissenschaftliche Texte über deutsche Dichtung und Dichter – bekannte wie weniger bekannte Poeten, die Liste ist lang und beinhaltet Namen wie Goethe, Schiller, Geibel, Lessing, Knigge, Waldis, Bürger, Gengenbach. Er verfasste zudem eine insgesamt mehr als 30 Bände umfassende Sammlung über deutsche Dichter des 16. und 17. Jahrhunderts, eben jenen „Grundrisz“. Goedecke, außerordentlicher Professor für Literaturgeschichte an der Georg-August-Universität zu Göttingen und Dr. phil. h.c. der Universität Tübingen, unterhielt zudem einen engen Briefwechsel mit Jacob Grimm, den er einst als Student gehört hatte und dem er zeitlebens in enger Freundschaft verbunden war, ebenso wie Hoffmann von Fallersleben, dem Dichter der deutschen Nationalhymne.

Geboren wurde der Literaturwissenschaftler am 15. April 1814 als „Celler Jung“ und Sohn des Maurermeisters Johann Ludwig Goedecke und dessen Frau Ilse Catharine Idensen in der Straße Bullenberg. Er besuchte das Celler Gymnasium, bevor er 1828 Schüler des Königlichen Pädagogiums in Ilfeld wurde und sich später als Student in Göttingen einschrieb. Aus politischen Gründen Studienabbrecher, kam er für einige Jahre in die Heimatstadt Celle zurück, verfasste hier teils seine Werke sowie Texte für norddeutsche Zeitungen und half in einer Buchhandlung in Hannover aus, bevor er sich ganz und gar der Literaturwissenschaft verschrieb. Als Neunundvierzigjähriger ehelichte er Sophie Lohmeyer, eine Apothekerstochter aus Verden, der er bis zu seinem Tod innig verbunden blieb. Er starb 1887 im Alter von 73 Jahren an einem Herzschlag.

Das Geburtshaus von Karl Friedrich Ludwig Goedecke steht noch immer an Ort und Stelle in der Straße „Bullenberg“, versehen mit einem kleinen Hinweisschild auf den berühmten Mann, der seinerzeit darin das Licht der Welt erblickt hatte. Es gehörte zu einem um 1705 erbauten Fachwerkhaus-Ensemble, von dem nur noch dieses eine Haus steht, welches derzeit eine Tierarztpraxis beherbergt.

Standort und Navigation: Rand der Innenstadt, Neuenhäusen | Celle, Bullenberg 19

52 Die Kaffeerösterei Huth

Die Milch der Denker und Schachspieler aus Celle

Nicht jede Stadt kann sich mit einer Kaffeerösterei rühmen und schon gar nicht mit einer, die sich einst „königlicher Hoflieferant“ nennen durfte und bereits seit 1851 Kaffee vertreibt – die „Milch der Denker und Schachspieler“ oder „der Blitz gegen Migräne“, wie Kaffee im arabischen Kulturraum genannt wird. „Am Großen Plan“, immer der Nase nach, finden Sie ganz leicht den Weg zur Rösterei. Es ist fast täglich zu „erschnuppern“, wenn die Angestellten von „Huths Kaffee & Feinkost“ die Röstmaschine in Bewegung setzen.

Betritt man das Geschäft, taucht man in eine andere Welt ein. Das Ladengeschäft präsentiert sich heute noch weitestgehend im Gewande von 1896, als es grundlegend renoviert und erweitert worden war. Fußboden und Ladeninventar stammen noch aus jener Zeit. Eine lange Tradition ist erst vor kurzem der neuen Zeit angepasst worden: Die ausschließlich männliche Belegschaft, die sich der Kundschaft stets in weißen Kitteln präsentiert, ist erstmals 2006 durch eine weibliche Kraft (ohne Kittel) bereichert worden.

Der Begründer Friedrich Huth handelte bereits um 1850 erfolgreich mit Tee, Gewürzen, Kakao und Rohkaffee aus aller Herren Länder, der Titel gab ihm die Berechtigung zur Führung des königlichen Wappens, welches er als Schild über dem Eingang seines Geschäftes platzierte. Es hängt da heute noch, allerdings in etwas abgeänderter Form. 1896, das Königreich Hannover gehörte längst der Vergangenheit an und der neue Inhaber hieß nun Hermann Bock, hing das Wappen noch immer. Bock musste sich erklären und entging der polizeilichen Entfernung des Schildes nur dadurch, dass er das königliche Wappen über Nacht verändern ließ. Er beauftragte einen befreundeten Maler, den Löwen, der die Mitte des Wappens bildete, zu übermalen. Gesagt, getan, seitdem zieren ein Schafsbock sowie das Motto „immer schüren, nimmer schlüren“ das „neue“ Wappen, welches von der Obrigkeit anstandslos akzeptiert wurde und an seinem angestammten Platz verbleiben konnte.

Der Schafsbock ist zum Logo geworden und ziert heute jede Kaffeetüte des Hauses. Seit 1898 wird bei Huth auch geröstet, ein späterer Um- und Ausbau, ein Kontor sowie eine große Kaffeerösterei wurden eingerichtet und machten dieses möglich. Der originäre Fußboden und die Jugendstilfliesen in der Rösterei erinnern an diese Veränderungen zu Beginn des 20. Jahrhunderts. Der Kaffeeröster stammt aus dem Jahr 1964, der Tresen von 1896. An die zwanzig hausgerösteten Kaffee- und Espressosorten sind bei Huth zu bekommen, aber auch regionale und überregionale Feinkost aller Art. Das Magazin „Feinschmecker“ hat Huth als eine der besten deutschen Röstereien ausgezeichnet. Der heutige Besitzer in fünfter Generation bietet gerne Führungen durch die Rösterei an.

Einzig der Ausschank frischen Kaffees fehlt oder gar die Gelegenheit, selbigen sitzend zu genießen, es fehlt also eine „Schule der Gebildeteten“, wie Kaffeehäuser in arabischen Ländern heißen.

Weitere Infos, Anfragen für Führungen, Bestellungen: www.huthskaffee.de/shop/ oder (05141) 6008, info@huthskaffee.de
Öffnungszeiten: montags bis freitags 9 – 18 Uhr, samstags 8 – 15.30 Uhr
Standort und Navigation: Altstadt | Celle, Großer Plan 7

53 Le Temple

Oder wie die Hugenotten einst nach Celle kamen

Eigentlich sollte der letzte Celler Herzog Georg Wilhelm heiraten, dann doch wieder nicht. Jedenfalls war er sozusagen zwangsverlobt, aber er trat seine Braut Sophie von der Pfalz (Tochter Friedrichs V. von der Pfalz, des böhmischen „Winterkönigs“, und der englisch-schottischen Königstochter Elisabeth Stuart) großherzig an seinen jüngeren Bruder Ernst August ab. Und das, nicht ohne diesem vorweg aus dynastischen Gründen das Versprechen gegeben zu haben, keinesfalls zu heiraten und möglichst künftig kinderlos zu bleiben – einen unehelichen Sohn hatte er bereits mit einer italienischen Tänzerin. Aber er lernte im Winter 1663 eine attraktive Französin, die Hugenottin Éléonore d'Olbreuse, kennen, deren Charme und Liebreiz er augenblicklich erlag. Im Jahr 1676 und nach einer langen Zeit, welche die junge Dame nur als „Ehefrau zur linken Hand“ auswies, heiratete er entgegen der staatsrelevanten Abmachung diese ganz und gar unstandesgemäße Französin. Mit ihr kamen bald darauf viele Glaubens- sowie Landesbrüder und -schwestern nach Celle. Und mit ihnen ihre Religion.
Und das kam so: Im Oktober 1685 widerrief der französische König Ludwig XIV. das Edikt von Nantes und damit für die französischen Protestanten die Religionsfreiheit. Er ließ diese und vor allem jene, die sich Hugenotten nannten und damit anzeigten, dass sie den calvinistischen Lehren besonders nahe standen, reihenweise umbringen, hunderte Orte und Kirchen wurden zerstört und entvölkert. Um die 250.000 Menschen flüchteten trotz Verbots aus dem Land, vor allem in Richtung Deutschland, England, Schweiz und Holland. Éléonore, ebenfalls religiös, und ihrem Gemahl, dem ihr Ansinnen, den Landsleuten aus der Klemme helfen zu wollen, aus politischem Kalkül recht gelegen kam, sorgten dafür, dass über 300 hugenottische Flüchtlinge in Celle eine neue Heimat fanden. Éléonore organisierte die neue Gesellschaft im Ort wie am Hofe, 1686 war sie Mitbegründerin einer eigenständigen französisch reformierten Gemeinde.
Eine Rückkehr nach Frankreich blieb für die Flüchtlinge ausgeschlossen, sie bauten sich 1699 gottergeben in der Fremde einen „temple“. Dieser steht heute noch, ein wenig zurückgesetzt, an der Hannoverschen Straße und ist rechts und links jeweils flankiert vom einst dazugehörigen Schul- und heute noch bestehenden Pfarrhaus (1754). Bei dem Gotteshaus handelt es sich um eine sehr schöne weiße Querkirche aus Fachwerk, welche sich architektonisch eng an die französischen Vorbilder anlehnt. Der Celler „temple“ gilt als einziges erhaltenes Gotteshaus seiner Art in Nordwestdeutschland.
Die Hugenotten wurden seinerzeit von den Einwohnern trotz der schützenden Hand des Herzogs nur geduldet („der Celler Hof ist ganz verfranzt“, meinte dazu der Hof in Hannover) und ihre Gottesdienste mussten sie lange im Verborgenen zelebrieren. Doch Éléonore half, wo sie nur konnte, es kamen ja nicht nur betuchte oder adlige Hugenotten (von den 300 standen 90 im Hofdienst) hierher. Sie trug zum Bau des Pfarrhauses bei, sorgte für das Salär des hugenottischen Lehrers und sicherte das Gehalt des Pfarrers. Jetzt wissen Sie, warum die Hugenotten einst nach Celle kamen.

Weitere Infos: www.reformiert-celle.de/infos/historisches.html
Standort und Navigation: Neuenhäusen | Celle, Hannoversche Straße 61

54 Das Êzidische Kulturzentrum in Celle

Integration als EU-Projekt

Für viele Êziden ist Westeuropa im Laufe des 20. Jahrhunderts zur neuen Heimat geworden, eine große Gemeinde hat sich in Celle etabliert. Die Stadt scheint dafür prädestiniert zu sein – man denke nur an die glaubensflüchtigen Hugenotten, die hier im 17. Jahrhundert eine Heimat fanden, und die Flüchtlingsströme Mitte des 20. Jahrhunderts. Wie viele der Verfolgten, die von woanders her kamen, zeigen auch sie ihre Spuren in der Stadt, die einst von Vertretern zweier großer êzidischer Familien als neue Heimat auserkoren worden war. Das „Êzidische Kulturzentrum" in Celle ist ein Beispiel dafür. Es wurde vom 2002–2009 in 16.000 Arbeitsstunden durch Ehrenamtliche erstellt und ist ein EU-gefördertes Integrationsprojekt. Bemerkenswert an dem Zentrum, welches 1.300 Quadratmeter umfasst und als Gemeinde-, Kultur- und Ausbildungszentrum gleichermaßen genutzt wird, ist neben Angeboten wie Nachhilfe, Sprach-, Musik- und Religionsunterricht, das Projekt „Hêvî – Frauen in Not", eine selbstständig und im Oktober 2011 von êzidischen Frauen gegründete Beratungsstelle, die konkrete Unterstützung und Hilfe für Frauen und Mädchen anbietet, die von Gewalt betroffen sind. Von den Êziden selbst wird sie als „Brückenbauer" bezeichnet. Aber was ist das Êzidentum eigentlich? Was bedeutet die Zugehörigkeit für die Menschen? Das Êzidentum ist eine monotheistische und nicht missionierende Religion, das religiöse Zentrum ist der Sonnentempel in Lalish, Nordirak. Eine Pilgerfahrt dorthin ist für Gläubige Pflicht, es sollte jeder Êzide einmal Mal im Leben dort gewesen sein. Orientierung gibt Scheich Adi, der einst die Êziden vor der Zwangs-Islamisierung bewahrte und damit die Religion rettete. In Deutschland existieren etwa 20 „Mala Ezdiya" (Kirchen oder ähnliche Einrichtungen). Die Religion basiert vor allem auf mündlicher Überlieferung, die immer weniger stattfindet. Doch seit inzwischen cirka vierzig Jahren ist das Êzidentum (wieder) zur Buchreligion geworden, es gibt viele Schriften in ganz Europa, wie in Paris, London und Wien. Die Religion fordert ein gleichberechtigtes Nebeneinander ohne hierarchische Strukturen – trotz eines Kastensystems. Und nur wer eine êzidische Mutter und einen êzidischen Vater hat, ist Êzide. Das bedeutet Endogamie, die Eheschließung ist nur in gleichen Gruppen (Kasten, Stämmen) möglich. Dieses wird seit dem 11. Jahrhundert praktiziert – davor galten andere Regeln. Die Heirat mit Andersgläubigen bedeutet den Austritt aus der Religionsgemeinschaft. Gemeinsame Kinder mit Andersgläubigen sind keine Êziden mehr. Hier fängt also das Dilemma an (übrigens das vieler Religionen) und es erklärt sich von selbst, dass modern denkende Êziden gerade in der Diaspora damit durchaus ihre Probleme haben können. Immer mehr junge Menschen widersetzen sich den restriktiven Heiratsvorschriften, obwohl ihnen damit Schutz und Sicherheit einer relativ homogen lebenden Gruppe verloren geht. Jugendliche, männliche wie weibliche übrigens, sind deswegen auf der Flucht. Doch da tun Zeichen der Humanität aus den eigenen Reihen wie die „Aktion Hêvî" einfach gut. Hêvî heißt übersetzt Hoffnung.

Weitere Infos: www.eziden-celle.de | hevi-naueninnot.de | kontakt@eziden-celle.de
Standort und Navigation: Westercelle | Celle, An der Koppel 21

55 Der Arloh

Wind Südost, Startbahn null zwei…

Scheuen, noch zu Celle gehörig, ist ein kleines Nest, acht Kilometer außerhalb der Innenstadt in Richtung nördliche Stadtgrenze gelegen. Es gibt da nicht allzu viel – außer einem Übungsort für die „Niedersächsische Akademie für Brand- und Katastrophenschutz – Standort Celle“, schöne Heidelandschaft – und den Arloh.

Der Arloh, von Kennern ehrfürchtig dahingehaucht, die Fliegerbrille dabei nach oben in die Haare geschoben und bereits das Beben im Blut, lässt das Herz eines jedes Flugbegeisterten in und um Celle höher schlagen. Der Arloh ist nämlich ein klitzekleiner Flugplatz, eingequetscht zwischen Heide und Hannover. Er verfügt über eine 800 Meter lange Start- und Landebahn aus Gras. Für Segelflieger gibt es in der Nähe eine 1.200 Meter lange Schleppstrecke zum Windenstart – der Segelflugplatz Scheuen liegt kaum drei Kilometer entfernt. In Scheuen also pulsiert das Zentrum der Freizeitfliegerei, sowohl die Flugsportvereinigung Celle Motorfluggruppe e.V. als auch die Flugsportvereinigung Celle Segelfluggruppe e.V. haben dort ihre Standorte.

Bereits während des Ersten Weltkriegs befand sich ebenda ein Flugplatz der „Kaiserlichen Marine“. Die Soldaten sorgten seinerzeit, so heißt es, wohl für einige Unruhe unter den mannbaren jungen Damen der Umgebung, so schmuck kamen sie in ihren Uniformen daher.

Als Außenlandeplatz des Fliegerhorstes Celle-Wietzenbruch wurde die Anlage 1938 systematisch zur Munitionsanstalt mit etwa 200 Gebäuden ausgebaut. Nach Kriegsende wurde – wieder systematisch – gesprengt. Übrig blieben Gebäude, welche die Briten fortan als Depot nutzten. 1956 ging die Anlage an die Bundeswehr, die auf einem Teil des Geländes eine Kaserne errichtete, welche jedoch 2006 ihre Tore wieder schloss. Der Standortübungsplatz wurde beibehalten und um ein Hubschrauber-Übungsgelände erweitert, eine Standortschießanlage ging an die Jägerschaft Celle und eine private Jagdschule. Im ehemaligen Soldatenheim hat das „Zentrum der Êziden in Niedersachsen“ Heimat gefunden. Seit Kriegsende wird der Flugplatz selbst nur noch von zivilen Flugsportbegeisterten als reiner Sportflugplatz genutzt und betrieben.

Wer einmal den Steuerknüppel selbst in der Hand hatte, versteht plötzlich die Zeilen aus dem Lied von Reinhard Mey: „…Wind Nordost Startbahn null drei, bis hier hör ich die Motoren, wie ein Pfeil zieht sie vorbei, und es dröhnt in meinen Ohren. Und der nasse Asphalt bebt, wie ein Schleier staubt der Regen, bis sie abhebt und sie schwebt, der Sonne entgegen. Über den Wolken…“.

Für Interessierte ist der Flugplatz mittwochs, samstags und sonntags zugänglich, es werden auch Rundflüge angeboten.

Weitere Infos: www.flugsportvereincelle.de
Standort und Navigation: Scheuen, Flugplatz | Celle, Arlohstraße

56 Die alten Spuren der Spinnhütte

Seide und Uran für Volk und Vaterland

Angefangen hatte einst alles mit Emilie von Schlepegrell, einer Frau, die dringend Geld benötigte. Nicht für sich, sondern für den 1834 von Celler Bürgerinnen gegründeten Frauenverein. Der hatte es sich zum Ziel gesetzt, „rechtlich arme Kranke" zu unterstützen, indem er 1844 ein Hospital für drüsenkranke Kinder gründete, das bald darauf seine Bestimmung als „Kinderheil-Anstalt des weiblichen Vereins für Armen- und Krankenpflege in Celle" fand. Das erste seiner Art im Königreich Hannover seinerzeit übrigens, es ging mit vier Betten an den Start und lag an der Hannoverschen Straße. Das Geld dafür kam aus dem Gewinn des Seidenanbaus, für den Emilie im Wildgarten (Gebiet vor dem Neuen Rathaus) eine Maulbeerplantage betrieb – das war das Futter für die Raupen.

Die Anlage bestand bereits mit Unterbrechungen seit 1767. Emilie erweiterte und betrieb diese mit neuem Erfolg – bis eine Seuche allem ein jähes Ende bereitete. Als sich 1928 der Unternehmer Wilhelm Wilke erneut der Sache annahm, produzierte er vor allem Strümpfe. Er ahnte wohl kaum, dass sich sein Unternehmen bald „Mitteldeutsche Spinnhütte GmbH" nennen, Seide, vor allem kriegsrelevante Fallschirmseide, im großen Stil (im Jahr 1939 1,5 Mio. Qaudratmeter) herstellen und zum NS-Musterbetrieb entwickeln würde, der in Spitzenzeiten etwa 3.000 Mitarbeiter beschäftigte. Die Dreiecktücher für die Olympioniken 1936 stammten aus der Celler Fabrikation. Entscheidend für den Erfolg war die Aufzucht einer neuen Seidenraupenrasse, genannt „Celler Weißspinner". Scharen von Angestellten, auch Schüler, waren damit beschäftigt, die Kokons zu sammeln und die feinen Seidenfäden in heißem Wasser zu lösen. Celle wurde zur „deutschen Seidenstadt", das Werksgelände bildete bald einen kleinen Stadtteil für sich. Das Gebäude der Hauptverwaltung lag an der Georg-Wilhelm-Straße, heute ist darin das Landessozialgericht untergebracht. In Stadtteil Vorwerk entstand die „Webersiedlung", fünfzig Häuser für Arbeiterfamilien. Die „Reichsforschungsanstalt für Seidenbau", heute „Institut für Tierschutz und Tierhaltung", zog im April 1940 in einen Neubau in der Dörnbergstraße.

Und was hat die Seide nun mit Uran zu tun? Nachdem Chemiker in Berlin das Prinzip der Kernspaltung entdeckt und das Potential dahinter erkannt hatten, war der erste „Schritt zur Atombombe" getan. Als die britische Luftwaffe 1943 mit Angriffsflügen auf deutsche Städte begann, lagerte die deutsche Atombombenforschung ihre Institute in ländliche Gegenden aus, um die weiteren Forschungsarbeiten nicht zu gefährden. Die „Spinnhütte" stellte hierfür zwei Nebengebäude zur Verfügung. Geleitet wurde das Uranprojekt vor Ort von dem Physikochemiker Paul Harteck, der später zum Rektor der Universität Hamburg berufen wurde. Und Celle wurde auf diese Weise für einen kurzen Moment Teil deutscher Wissenschaftsgeschichte.

Übrigens: Emilie von Schlepegrell ist eine Straße gewidmet und die „Maulbeerallee" am Französischen Garten erinnert an die erste Plantage, der „Weberstieg" in Vorwerk an die Siedlung.

Standorte und Navigationen:

Kinderhospital | Celle, Hannoversche Straße 10
Maulbeerallee | Celle, Maulbeerallee
Spinnhütte | Celle, Am Wasserturm 31
Landessozialgericht | Celle, Georg-Wilhelm-Straße 1
Webersiedlung | Celle, Weberstieg

57 Der Torplatz

Die einstige Hinrichtungsstätte im Hehlentor

Die geschundenen Körper sind von Blut und Schweiß besudelt. Das Flehen und Schreien kriecht bis in die letzten Winkel der Stadt, gequälte Schluchzer hallen von den Hauswänden, lautloses Wimmern versickert in die Gassen. Noch zappeln sie und röcheln, doch sie werden mit Feuer, Schwert, Strang, Rad und Wasser gemartert, nichts kann ihre Not mehr lindern und die Tortur führt unweigerlich zum Tod.

Heute ist der Torplatz vor dem Harburger Berg, die Stätte jenes früheren Grauens zu beiden Seiten der Aller eine verkehrsreiche und belebte Kreuzung. Vormals jedoch war der Teil nördlich des Wassers gelegen eine der drei Hinrichtungsstätten in Celle. Die zweite und hauptsächlich genutzte Stätte lag in der Nähe der heutigen Straße „Galgenberg“ (Blumlage). Der Name spricht für sich. Die dritte war ein Platz vor dem Schloss, der wohl eher weniger genutzt wurde.

Die Rechtsprechung ging früher nicht gerade zimperlich mit den Menschen um. Auf dem Reichstag 1532 zu Augsburg und Regensburg beschlossen, regelte die „Peinliche Gerichtsordnung des heiligen Römischen Reiches“ (Constitutio Criminalis Carolina) von Kaiser Karl V. alle Vergehen. Verräter wurden gevierteilt, Totschläger, Räuber, Landfriedensbrecher, Aufrührer, Notzüchter und Abtreiber enthauptet. Mörder und Giftmischer kamen aufs Rad, Brandstifter, Hexen und Zauberer wurden verbrannt. Kindesmörderinnen bezahlten ihre Tat mit Ertränken oder Lebendbegrabung, gehängt wurden Einbrecher und Rückfalldiebe. Erst 1822 wurde die Folter veboten, 1840 offiziell abgeschafft.

Auch in Celle wurde eifrig gefoltert und bestraft, und der Hinrichtungsplatz am Torplatz wurde bis 1791 als solcher genutzt. Die letzte Hinrichtung in Celle fand vermutlich 1858 statt. Der Torplatz galt als die ehrbare und vornehmere der beiden Stätten und manch' DelinquentIn erbat sich, wenn es schon sein musste, dass er oder sie wenigstens dort das Leben aushauchen konnte. Meist jedoch waren diese Menschen eh des Bittens kaum mehr mächtig, die Folter hatte ihnen, bevor sie endlich den Tod fanden, schon mehr als genug zugesetzt. Bis nach Lüneburg hinauf waren sie berüchtigt, das „Weiße Haus“, eine Art Untersuchungsgefängnis, und dahinter das „Graue Haus“, der Tortur- oder Folterkeller. Hier erzwangen die Celler Scharfrichter mit Daumenschrauben und ähnlich bestialischem Werkzeug die Geständnisse der Vorgeladenen, von hier aus mussten die armen SünderInnen im weißen Hemdchen, unter Begleitung der Kurrende (Chor der Armenschule) und Glockengeläut schließlich den Gang über die Aller zur Richtstätte antreten.

Das „weiße Haus“ stand am Weißen Wall, dort wo der Neubau des Oberlandesgerichts errichtet wurde. Die Hinrichtungsstätte am Harburger Berg ist längst verschwunden, doch manche Gebeine jener, die gleich an Ort und Stelle verscharrt wurden und als Mörder, Diebe und Verräter gerichtet oder als vermeintliche Hexen gebrandmarkt ihr Leben verwirkt hatten, dürften wohl noch immer unter dem Asphalt ruhen.

Standort und Navigation: Hehlentor | Celle, Torplatz

58 Die Majas aus Celle

Das Institut für Bienenkunde

„…und diese Biene, die ich meine, nennt sich Maja…“
Wer in den Siebzigern und Achtzigern groß wurde, für den sind die Biene Maja, ihr gutmütiger Freund Willi oder Fräulein Kassandra Teil der Kindheit. Jeder kennt die Zeichentrickserie. Dass es in Celle ein Bieneninstitut und damit ein Zentrum für die Berufsausbildung von Imkern gibt, wissen hingegen nur wenige Fachleute oder interessierte Hobby-„Apidologen“.
Um die Imkerei zu fördern, die mit dem Schwinden der Heideflächen zu Beginn des 20. Jahrhunderts rapide zurückging, wurde 1927 das „Institut für Bienenkunde“ gegründet. Es ist in Niedersachsen landesweit für die Aus- und Fortbildung sowie Beratung von Imkern zuständig und bietet die Ausbildung zum Tierwirt, Fachrichtung Imkerei, an. Die Aufgabe des Instituts umfasst neben schulischen und universitären Lehraufträgen die Untersuchung, Erforschung und Umsetzung von Bienenzucht, Gefährlichkeit, Pathologie, sowie Honigforschung, -produktion und -vermarktung, ebenso Pollenanalyse, Wirkungsweise von Pflanzenschutzmitteln und vielem anderem mehr. Am Institut sind über dreißig MitarbeiterInnen in Sachen Imkerei, Labor und Verwaltung tätig, sie kümmern sich um rund zehn Millionen Bienen aus 550 heimischen Bienenarten. Seit Januar 2004 gehört das Bieneninstitut zum „Niedersächsischen Landesamt für Verbraucherschutz und Lebensmittelsicherheit“ (LAVES), hat längst nationale wie internationale Anerkennung erlangt und ist bei Seminaren und Symposien weltweit vertreten. Das Imkerwesen hat besonders in der Heide eine lange Tradition. Bereits in der Steinzeit kannte man den Nutzen von Honig als Energiequelle und Eiweißlieferant. Das Mittelalter gilt als Blütezeit der Bienenhaltung. Es wurden hohe Honig- und Wachszinsen erhoben, die „Zeidler“ (Honigsammler), genossen besondere Privilegien. Sehr anschaulich wird das Imkerwesen in einem Treppenspeicher von 1607 sowie in Teilen der 1677 erbauten ehemaligen herzoglichen Orangerie gezeigt. Interessant anzusehen sind zudem die Malereien des Wienhäuser Künstlers Herbert Blasek im Institut selbst und im Garten die über drei Meter hoch ragende und aus einem Eichenstamm geschaffene Skulptur „Figurenbeute der Herzogin Éléonore Desmier d‘Olbreuse von Celle“ der Holzbildhauerin und Schnitzerin Birgit Jönsson. Das Innenleben birgt etwas Besonderes: Es ist das Zuhause eines Bienenvolkes. Die „Brosche“ am Dekolleté der Holzfigur ist der Einlass, durch den die Tiere ins Innere gelangen können. Jönsson, geboren 1968 am Tegernsee und in Oberammergau ausgebildet, schuf das Objekt 2002 direkt vor Ort anlässlich des 75-jährigen Jubiläums des Bieneninstituts.
Übrigens: Majas Freund, der Bienenjunge Willi, wurde ebenso wie Flip, der Grashüpfer, als Figur eigens für die Zeichentrickfilmserie entwickelt. In den Büchern von Waldemar Bonsels, dem Schöpfer der „Biene Maja“, kamen sie nicht vor. Bonsels war in den 1920er-Jahren einer der meistgelesenen deutschen Autoren, einige seiner Bücher erschienen seinerzeit im Niels Kampmann Verlag, der von 1924–27 in Celle an der Trift ansässig war.

Weitere Infos: www.laves.niedersachsen.de
Öffnungszeiten Bienengarten montags bis donnerstags 9 – 12 Uhr, 14 – 15.30 Uhr, freitags 9 – 12 Uhr
Führungen nach Anmeldung durch den Speicher möglich:
(0 51 41) 12-4 54 oder -76 66, Jeden Mittwoch 9 – 13 Uhr Honigverkauf im Institut
Standort und Navigation: Französischer Garten | Celle, Herzogin-Éléonore-Allee 5

59 Der Lichtraum im Kunstmuseum

Das Lichterballett von Otto Piene

Etwa fünf mal fünf Meter im Quadrat und noch mal dreieinhalb Meter hoch, also fast achtundachtzig Kubikmeter Kunst pur, so könnte man den Lichtraum von Otto Piene einfach und nüchtern mit einigen Zahlen umreißen. Doch das Licht lässt niemanden nüchtern. Es macht trunken. Trunken von Fantasien, Ideen und Gefühlen. Es tänzelt schwebend vor den Augen der Betrachter seinen Reigen. Linien, Kreise, nichts. Pause. Dann wieder ein Bogen hier, eine schwungvolle Linie dort. Dunkelheit. Es erscheinen gemalte Ornamente, Lichtblumen, Sterne. Verglimmen. Und dann, erneut tanzt das Licht an den Wänden, der Decke und dem Fußboden des Raumes entlang und zeigt sein seltsam entrücktes Spiel. Zwei Kuben gehen mit und werfen ihre Lichtpunkte in den Raum. Für die atmosphärisch dichte Wirkung sorgen Langsamkeit und bewusst eingebaute Pausen. Der Lichtraum wird so zum faszinierenden Pas de deux, das Licht bietet zusammen mit der Vorstellungskraft des Menschen eine perfekte Choreografie – für jeden universell und einzigartig und nur im Kopf des einzelnen Zuschauers entstehend. Stille „ahs“ und „ohs“ sind dabei beinah bei den Besuchern an der Tagesordnung.

Die Lichtkunst, heute neben Malerei, Plastik und Fotografie eine eigenständige Kunstgattung, ist in der übergeordneten Kategorie Skulptur und Installation zu finden. Lichtkunst heißt, der Einsatz von Lichtquellen muss ästhetischen Zwecken dienen. Sie arbeitet im Verborgenen, bei Dunkelheit. Technisch sieht die Sache beim Lichtraum in Celle so aus: In zwei Wände und einen Teil der Decke sind Tausende von Öffnungen einperforiert und werden von dahinter liegenden beweglichen Lichtquellen gespeist. Die Öffnungen wirken dabei wie Linsen.

Der Lichtraum von Otto Piene gehört zum Kunstmuseum Celle mit Sammlung Robert Simon, welches diesen seit 2001 präsentiert. Das Museum bietet insgesamt eine Ausstellungsfläche von über 1.000 Quadratmetern, verteilt über drei Etagen. Zusammen mit der Neuen Nationalgalerie in Berlin und der Kunsthalle in Bremen gehört es zu den drei Museen in Deutschland, welche ein derartiges Kunstprojekt zeigen. Zu einem weiteren Glanzpunkt des Hauses gehört der bei Nacht von innen farbig leuchtende Glaskubus. Otto Piene urteilt über den Celler Lichtraum: „Dies ist der perfekte Lichtraum“.

Der Künstler, geboren 1928 in Bad Laasphe/Westfalen, gehört zu den Gründern der 1958 entstandenen Gruppe ZERO, einer Düsseldorfer Künstlergruppe, deren Ziel es war, der deutschen Nachkriegskunst ein neues und unbelastetes Gesicht zu geben und sozusagen eine „Stunde Null“ einzuräumen. Die Künstler wollten mit ihren Werken, Objekten, die mit Licht und Bewegung arbeiten, den Gräueln der Vergangenheit eine reinere und heilere Welt entgegensetzen. Die Gruppe löste sich 1966 auf.

Weitere Infos: www.robert-simon.de
Öffnungszeiten Museum:
tagsüber dienstags bis sonntags 10 – 17 Uhr, nachts von außen täglich 17 – 10 Uhr
Standort und Navigation: Kunstmuseum Celle mit Sammlung Robert Simon | Celle, Schlossplatz 7

60 Die Partnerschaftspyramide

Völkerverständigung „von unten“

Das Ende des Zweiten Weltkrieges: Es gab Deutschland – und den Rest der Welt. Ungefähr so sah es politisch aus, als die Idee entstand, nach Beendigung jener schrecklichen Zeit dem Land wieder den Anschluss an die Welt zu ermöglichen. Partnerschaftliche Städteverbindungen gibt es historisch belegt seit dem neunten Jahrhundert, doch besonders nach dem Zweiten Weltkrieg erfuhr das Modell eine wichtige Renaissance und sollte die Völkerverständigung neu, sozusagen „von unten“ ankurbeln. Vor diesem Hintergrund erklären sich die bislang zehn Städtepartnerschaften von Celle. Die erste Partnerstadt wurde 1953 das französische Meudon. Der damalige französische Bürgermeister war im Konzentrationslager Bergen-Belsen interniert – um so größer die Geste. Meudon ist die „grüne Lunge von Paris“, etwa 15 Kilometer südwestlich von Paris gelegen. Es hat um die 54.000 Einwohner.

1962 folgte das ungefähr gleich große italienische Celle Ligure, ein kleiner Badeort an der Riviera, zwischen Genua und Savona gelegen.

1972 kam Hämeenlinna in Finnland dazu. Es hat ungefähr 66.000 Einwohner und ist die Hauptstadt der Provinz Südfinnland und der Landschaft Kanta-Häme.

1977 schloss sich mit etwa 10.000 Einwohnern Tavistock an, ein Ort in Südengland bei Plymouth, am Rande des Naturschutzgebietes Dartmoor Forest – und das Türchen zu Cornwall.

1980 kam das dänische Holbæk dazu, ein Städtchen mittelalterlichen Urspungs (sechs Jahre älter als Celle) mit cirka 70.000 Einwohnern und am Isefjord gelegen.

Mit 320.000 Einwohnern ist Sumy, in der Ukraine gelegen, seit 1990 die drittgrößte Partnerstadt Celles. Es liegt 350 Kilometer östlich von Kiew und cirka 700 Kilometer von Moskau entfernt.

1993 folgte mit 38.000 Einwohnern die polnische Stadt Kwidzyn (das ehemals west-, später ostpreußische Marienwerder), 80 Kilometer südlich von Danzig gelegen, bekannt für seine Bischofsburg und erst nach dem Krieg durch Brände beschädigt.

1994 reihte sich das sibirische Tjumen ein, die 500.000 Einwohner zählende Partnerstadt gilt als Öl- und Gasmetropole und kann sich auf eine Universität berufen, gegründet 1973. Die Stadt liegt etwa 1700 Kilometer Luftlinie von Moskau entfernt.

Die US-Stadt Tulsa folgte 2000, der Ort ist mit knapp 400.000 Einwohnern der zweitgrößte in Oklahoma und eine bedeutende Erdölstadt. Er hieß früher „Tulsy“, ein indianischer Begriff, der „alte Stadt“ bedeutet.

Seit 2008 gehört als jüngste Partnerstadt das israelische Mazkeret Batya dazu, gegründet 1883 von elf jüdischen Familien aus Weißrussland. Es liegt im „Speckgürtel“ von Tel Aviv (25 km bis zur Ortsmitte) und etwa dreißig Kilometer von Jerusalem entfernt.

Die Pyramide erinnert seit dem 700-jährigen Stadtjubiläum 1992 an die nach 1945 geschlossenen Städtepartnerschaften Celles – und auch an andere Zeiten, als in Deutschland Krieg herrschte.

tandort und Navigation: Innenstadt | Celle, Markt

61 Bierbrauen in Celle

Vom Kasmann zum Augustiner und Bekenner Bock

Bereits 1378 wurde in Celle Bier gebraut, meist Weißbier aus Weizenmalz und Kasmann genannt, weswegen im 15. Jahrhundert sogar der „Braunschweiger Bierkrieg" geführt wurde, der die Vormachtstellungen Celles und Wolfenbüttels auf dem Gebiet erfolglos einzuschränken versuchte. Um 1600 gab es in Celle eine Braugilde, der etwa neunzig, meist private Brauereien angehörten. Es wurde gebraut, was das Zeug hielt, denn wer brauen durfte, hatte Wasser direkt am Haus (siehe auch S. 66), welch' ein Komfort! 1847 jedoch endete die ruhmreiche Ära Celles als Brauereistadt, es gab nur noch wenige Brauhäuser, eines davon war die Heidbräu-Brauerei Wolde (später auch Eisfrabrik). Doch es waren „Fremde", welche die alte Tradition des Bierbrauens in Celle zwanzig Jahre später neu ankurbelten.

Der Uelzener August Schilling begann damit 1865 mitten in der Stadt in der Zöllnerstraße. 1887 ließ er am Alten Bremer Weg (damals noch Klein-Hehlener Straße)/Ecke Kreuzgarten eine neue Brauerei bauen und produzierte mit großem Erfolg ein Art Pilsener, Celler Augustiner und Bockbier. Zudem vertrieb er nach Übernahme der „Heidbräu" auch das „Celler Bürgerbräu". Nach seinem Tod wurde die Brautätigkeit eingestellt und man vertrieb nur noch Getränke wie das „Schilling Gold", ein obergäriges Braun- und Süßbier, später auch Schilling-Dunkel und Schilling-Süßbier genannt. Die Fabrikgebäude fielen Ende der sechziger Jahre einem Brand zum Opfer, wurden daraufhin stillgelegt, später abgerissen. Heute befinden sich auf dem Gelände die Kreuzgarten-Hochhäuser, das so genannte „Klein-Manhattan" von Celle.

Im Jahre 1893 gründete der Kaufmann Carl Betz aus dem Westerwald in der Marienstraße (einst in der Nähe des Bahnhofes zwischen Kirch- und Wiesenstraße gelegen) eine Farbebier-Brauerei. Farbebier (auch Röstmalzbier) ist eine Art „Vorbier" und ein nach dem Reinheitsgebot von 1516 gebrautes Spezialbier, das der Farbgebung dunklerer Biere dient. Die Firma spezialisierte sich auf die Produktion von flüssigem Industriezucker und als Zulieferer der Getränkeindustrie. Durch den verheerenden Bombenangriff im April 1945 wurden die Fabrikgebäude vernichtet. 1949: Neuanfang mit bewährter Produktion „auf der grüne Wiese". Im Jahr 1984 wagt die Brauerei das Experiment: einer eigenen Biersorte, das Celler Urtrüb. Dieser ersten Sorte folgten Celler Bock und Maibock sowie das Celler Pilsener. Zwei Jubiläen, das 700-jährige Celler Stadtjubiläum 1993 und zeitgleich das 100-jährige Bestehen der Brauerei, veranlassten die Betreiber, ein untergäriges Festbier auf den Markt zu bringen, das Celler Dunkel. Es ist neben dem Celler Gold, Celler Weißbier und Celler Bekenner Bock (das ganzjährige Nachfolgebockbier von Celler Bock und Maibock und „Herzog Ernst dem Bekenner" gewidmet) heute aus der Bierlandschaft nicht mehr wegzudenken.

Die mittlerweile fest etablierte Betzsche Brauhof-Fete, deren Geburt ins Jubiläumsjahr datiert und jährlich seitdem am zweiten Wochenende im August stattfindet, ist längst zum Geheimtipp geworden – und zwar nicht nur bei einheimischen Freunden des wohlschmeckenden Gerstensaftes.

tandort und Navigation: Neuenhäusen | Celle, Waldweg 101-103

62 Hof Wietfeldt

Kunst, Kultur und Kulinarik

Es gehört schon etwas dazu, wenn man behaupten kann, dass eine Liegenschaft bereits seit mehr als 20 Generationen in Familienbesitz ist. Doch die Familie Wietfeldt in Bennebostel darf sich genau das auf ihre Fahnen schreiben, denn bereits 1438 findet sich in einem Archiv eine erste schriftliche Erwähnung des Namens in Verbindung mit ihrem Hof. Der Bauer Gherke Witfelt wird dabei in Bennebostel als „Vollmeyer" und „Schatzzahler" in Höhe von zwei Gulden benannt. Und ab 1547 ist es amtlich belegt: Ein Mann namens Hans Withfelt kaufte das Anwesen für fünf Gulden und zwei Mattier (Abkürzung für Mathiasgroschen, Silbermünze mit dem Bildnis des Apostels Matthias, erstmals 1496 in Goslar geprägt). Unter anderem war es die Aufgabe des Hofbesitzers, am Schlosswall Gras und Grummet (auch Nachmat: Heu aus kürzeren Gräsersorten und vielen Kräutern und besonders für Milchviehfutter geeignet) abzumähen. Der Name blieb mit dem Hof verbunden – bis heute. Wurde bis 1987 darauf Ackerbau und Viehwirtschaft betrieben, so hat die Familie seitdem das Angebot vielfältig verändert. Sie bietet die liebevoll restaurierten und renovierten, in ländlicher Idylle gelegenen Hofgebäude mitsamt solider Restauration an – für Feste, Feiern, Kunst- und Kulturveranstaltungen sowie Märkte aller Art. Das Konzept „Museumshof mit Erlebnisgastronomie" geht auf. Egal ob in der „Neuen Diele", Kartoffel- oder Häckselscheune, alles zeugt hier von alter handwerklicher Tradition und bäuerlichem Leben in der Heide und verbindet dieses auf angenehme Weise mit der Moderne. Das historische Backhaus, einst als wertvolle Mitgift im 18. Jahrhundert erbaut und über zwei Jahrhunderte, bevor es zum Gartenhaus umgestaltet wurde, als solches auch betrieben, zeigt die Balkeninschrift „Der Mensch lebt nicht vom Brot allein, sondern von einem Wort, das durch den Mund Gottes gehet". Es wurde 1987 mit professioneller Hilfe saniert. Das Jahr gilt als Beginn der neuen Ära des Hofes als erlebnisgastronomisch ausgerichteter Betrieb. Die Speisekarte dominiert eine rustikal-feine, regional wie saisonal ausgerichtete Küche, die Kunst blüht auf dem Hof zusehends auf. Drei Kulturreihen haben sich darauf mittlerweile als ständiger Veranstaltungsort etabliert: die Kleinkunstreihe „Kunst in historischer Umgebung", die Jazz- und Kleinkunstreihe „Kultur Querbeet" sowie die „Neue Jazz-Initiative Celle".

Doch selbst jemand, der nichts zu feiern hat, dem der Sinn weder nach Kulinarik noch nach Kunst steht und der nicht an Märkten, Ausstellungen, Musik- oder Theaterdarbietungen interessiert ist, findet auf dem Hof in Bennebostel ein besonderes Naturdenkmal der Celler Kulturlandschaft: Mitten auf dem Gelände befindet sich eine riesige Hofeiche mit einem Stammesumfang von fast vier Metern. Eine kleine Tour durch die südlich Celles gelegenen Wiesen und Felder lohnt sich – der Baum, Heimat eines Adlers, samt dem Anwesen ist es in jedem Fall wert.

Veranstaltungen: www.hof-wietfeldt.de oder zu erfragen unter (05141) 85519
Standort und Navigation: Bennebostel | Celle, Bennebostel 1

63 Bibliothek der Grupenschen Stiftung

Wertvolles Kleinod für Historiker, Juristen und Bücherliebhaber

Kaum bekannt, streng gehütet und nur mit weißen (Samt)handschuhen anzufassen: So in etwa kann man umschreiben, was es mit einigen Folianten in der OLG-Bibliothek auf sich hat. Die Exponate der so genannten „Grupenschen Stiftung“ sind teilweise so alt und wertvoll, dass sie kaum jemand und schon gar nicht ohne Anmeldung und erst recht nicht ohne fachliche Begleitung zu Gesicht bekommt.
Dem Historiker, Rechtsgelehrten und Bürgermeister der Altstadt Hannover Christian Ulrich Grupen (1725–1767) haben wir diese wunderbare Bibliothek zu verdanken – er vermachte seine umfangreiche Büchersammlung noch zu Lebzeiten dem Celler Oberappellationsgericht. Die Schenkung (die alten Schenkungsakten von Georg II. genehmigt, sind noch vorhanden), umfasste seinerzeit einiges an Kapital, tausende Werke und cirka sechzig Inkunabeln (Wiegedrucke, die mit beweglichen Lettern zwischen 1454 und 1500 hergestellt wurden) aus Deutschland, Frankreich, Italien und der Schweiz sowie Grupens eigene handschriftlichen Notizen – alles zusammen vornehmlich juristische und weitere wissenschaftliche Texte.
Heute umfasst die Bibliothek im OLG, die prinzipiell jedermann zugänglich ist, neben der Dienstbücherei über 110.000 Bände, welche zur Grupenschen Stiftung zählen. Etwa 3.500 Bände davon datieren aus der Zeit vor 1700. Seit der Schenkung wird die Stiftungsbibliothek ständig erweitert und umschließt fast alles, was mit der Jurisprudenz zu tun hat. Einige Beispiele: fürstliches Recht, Bergordnungen, See- und Hanserecht, Lehensrecht, Gerichtsordnungen, Hofgerichts- und Kanzleiordnungen, Stadtrechte, Urheber- und Erfinderrecht, Wasser- und Bergrecht, Militärstrafrecht und Militärstrafprozess, Völkerrecht, Kirchenrecht, Freiheit der Meere, Forst-, Jagd- und Fischereirecht, Staats- und Verwaltungsrecht sowie Ausgaben der Goldenen Bulle und vieles andere mehr. Darüber hinaus finden sich darin Bände zu Themen wie Theologie, Geographie, Politik, Altertumswissenschaften, Geschichte, Archäologie, Astrologie, Magie und Hexenwesen, Land-, Forst- und Jagdwirtschaft, Bergbau, Pferde- und Pflanzenzucht, Münz-, Maß- und Gewichtswesen, Ackerbau und Chemie. Die medizinische Sammlung umfasst 32, die Musikbibliothek 40 Bände. Dazu kommen Gelehrtengeschichte, Bücherkunde, Genealogie, Kunst und Kunstgeschichte, Philosophie, Sprachwissenschaft, Werke von griechischen und römischen Schriftstellern. Der älteste Band der Stiftung datiert um 1100 und ist eine Handschrift mit päpstlichen Dekretalen (Gerichtsentscheidungen), die ältesten Druckwerke stammen von 1474 und 1477 und sind je eine Ausgabe der Biblia Latina (Vulgata) und des Sachsenspiegels.

Besichtigungen sind möglich, der Eintritt ist frei, Spenden (gegen Quittung) erwünscht; zu erfragen unter (0 51 41) 20 62 23.
Standort und Navigation: Altstadt | Celle, Oberlandesgericht, Schlossplatz 2

64 Der G.J. Lichtenberg-Gedenkstein

Andenken an den ersten motorisierten Verkehrstoten von Celle

Die Engländerin Bridget Driscoll war vermutlich 1896 der erste Mensch, der unter Beteiligung eines motorisierten Gefährtes bei einem Verkehrsunfall ums Leben kam. Sie wurde beim Überqueren einer Straße in London von einem Automobil erfasst und erlag an Ort und Stelle ihren schweren Kopfverletzungen. Als erster Verkehrstoter Amerikas gilt ein Mann namens Henry Bliss, der im September 1899 in New York angefahren wurde und ebenfalls, wenn auch erst Tage später, an seinen Verletzungen starb. Von Deutschland ist bekannt, dass bereits im Jahr 1929 an die 6.000 Verkehrstote gezählt wurden.
In April 1908 verunglückte der nationalliberale Politiker und Bürgermeister von Linden (Hannover), Georg Justus Wilhelm Ludwig Lichtenberg auf der Strecke zwischen Altenhagen und Garßen. Er gilt damit als erstes Opfer, welches, wenn auch nur an den mittelbaren Folgen des motorisierten Straßenverkehrs, im Raum Celle verstarb. Beim Versuch seines Fahrers, einen Heuwagen zu überholen, kollidierte das Automobil mit einem Baum. Lichtenberg zog sich dabei einige Verletzungen zu, im Laufe der Genesung bekam er eine Sepsis und starb einen Monat später. Er wurde auf dem Stadtfriedhof Engesohde (Nähe Maschsee) bestattet.
Lichtenberg, geboren im März 1852 in Hannover, war der Sohn des hannoverschen Kultusministers und späteren Präsidenten des Landeskonsistoriums Carl Lichtenberg, sein Urgroßvater war der berühmte Göttinger Physiker, Schriftsteller und Aphoristiker Georg Christoph Lichtenberg (1742–1799). Er studierte Jura und Theologie in Heidelberg, Leipzig und Göttingen. 1882 wurde er juristischer Senator in Hannover. Von 1883–1985 war er Bürgermeister der Stadt Linden, danach zweiter Schatzrat. Er kandidierte zudem bei den Reichstagswahlen, unterlag jedoch in einer Stichwahl. Lichtenberg erhielt im April 1895 die erste und einzige Ehrenbürgerwürde der noch jungen Stadt Linden (Stadtrecht ab 1885). Ab 1899 bis zu seinem Tode war er Landesdirektor der hannoverschen Provinzialverwaltung, und Vorsitzender des Niedersächsischen Kanalvereins und damit maßgeblich für den Bau des Mittellandkanals verantwortlich.
Ein kaum beachteter Gedenkstein an der B 191 aus Sandstein und in Form eines Steinkreuzes in Dreipassform erinnert an den Unfall. Ihn zieren das Familienwappen sowie das Wappen der ehemaligen Provinz Hannover (Sachsenross), eine Inschrift erinnert an den verunglückten Juristen und Theologen:

HIER VERUNGLUECKTE
AUF EINER DIENSTREISE AM
21. APRIL 1908 DER HOCHVERDIENTE
LANDESHAUPTMANN DER PROVINZ
HANNOVER GEORG LICHTENBERG
DR. THEOL. GEBOREN AM 26. MAERZ
1852 GESTORBEN AM 21. MAI 1908
EHRE SEINEM ANDENKEN

Standort und Navigation: nordöstliches Stadtgebiet, B 191 kurz vor der Hauptabzweigung nach Bostel | Celle, Lüneburger Heerstraße

65 Skulpturen 4

Kunst im Stadtgebiet

Vierte Runde Kunst im öffentlichen Raum in Celle:
Die lebensgroße Sankt-Josefs-Statue ist in der Nähe der Ludwigskirche zu finden. Sie war die erste Auftragsarbeit der in Celle geborenen Künstlerin Inge Smolkowski Gießmann und ist dem gleichnamigen Krankenhaus dahinter gewidmet. Die Künstlerin, 2008 verstorben, hatte freie Malerei an der Kunstakademie Düsseldorf studiert und lebte zuletzt in Rheinbach (südwestlich von Bonn). Sie hatte sich als Malerin und Bildhauerin einen Namen gemacht und war Mitglied in mehreren Künstlergilden und -gemeinschaften.
Das Bildhauer-Ehepaar Wolfgang Kubach (Jg. 1936) und Anna Kubach-Wilmsen (Jg. 1937) ist bekannt für seine „Steinbücher", welche die Künstlerin so umschreibt: „Ein Buch wird von der Hand gehalten und mit den Augen gelesen. Ein Steinbuch wird von den Augen gehalten und mit der Hand gelesen". Gemeinsam schufen sie den „Sachsenspiegel", im Hof des Oberlandesgerichtes zu sehen, ein Ensemble aus mehreren Objekten. Die kleineren Skulpturen versinnbildlichen Gesetzesrollen, ein großes „Steinbuch" steht für den Sachsenspiegel, mittelalterliches Rechtsbuch und prägendes Werk für die gesamte deutsche Rechtsgeschichte.
Das über drei Meter hohe Kunstwerk X- und Y-Chromosom wurde von der Bildhauerin Gabriele Marwede geschaffen und gibt allein schon durch den Standort am Institut für Kleintierzucht Hinweis auf die Deutung: X und Y, Chromosomen, Ursprung aller tierischen Züchtung. Die Künstlerin studierte an der Werkkunstschule und der Technischen Hochschule Hannover. Sie ist Preisträgerin „Junge Kunst in Niedersachsen", war Stipendiatin in der Deutschen Akademie Villa Massimo in Rom, erhielt den Förderpreis des Niedersächsischen Kunstpreises und bekam das Niedersächsische Künstlerstipendium.
„Die Luft" ist das 1989 geschaffene Werk des Hannoveraner Künstlers Hans Jürgen Breuste (1933–2012) und vor der Agentur für Arbeit zu sehen. Die Stahlkonstruktion umfasst über fünf Meter Höhe, eine Platte erklärt dem Betrachter die „vergessene Lektion über die Abhängigkeit des Lebens von der Luft". Breuste lehrte an der Hochschule für Bildende Künste in Münster, der Fachhochschule Hannover und in Salzburg. Er erhielt 2008 das Verdienstkreuz am Bande des Niedersächsischen Verdienstordens.
In Garten der so genannten Roßschen Villa in der Magnusstraße steht seit 1996 der „Zeitaktivator", eine Skulptur des Künstlers Rubin Schmidtke. Das Werk ist unvollständig – zu den noch zu sehenden Säulen gehörte ursprünglich eine lebensgroße Stahlfigur, die wenige Tage nach der Aufstellung durch Vandalismus so stark zerstört wurde, dass sie entfernt werden musste. Der Autodidakt Rubin Schmidtke wurde im August 1961 in Zentralasien geboren, wuchs in Usbekistan auf, arbeitete nach seiner Übersiedlung nach Deutschland Mitte der siebziger Jahre ab 1988 als freischaffender Künstler und war Gründungsmitglied der Künstlergruppe Kraski. Er gehörte zum Verband Bildender Künstler der DDR und Bildender Künstler (BBK) für Niedersachsen. Ab 1990 arbeitete er in Paris und Celle, bis er 1998, erst 37-jährig, verstarb.

Standorte und Navigationen:

St. Joseph-Figur Innenstadt | Celle, Kanonenstraße/Ecke Bullenberg
Sachsenspiegel Altstadt | Celle, Innenhof OLG, Schlossplatz 2
X- und Y-Chromosom Hehlentor | Celle, Dörnbergstraße 25–27
Die Luft Hehlentor | Celle, Georg Wilhelm Straße 14 (Agentur für Arbeit)
Der Zeitaktivator Innenstadt | Celle, Magnusstraße

66 Die Goldschmiede Bade

Gold und Silber schenk ich dir…

Jeden dritten Samstag im Monat von 10–14 Uhr (außer in den Sommerferien und im Dezember) öffnet die Goldschmiede Bade ihre Werkstatttore für Interessierte und gestattet somit einen neugierigen Blick hinter die Kulissen des alteingesessenen Betriebes mitten in der Altstadt.

Seit Bestehen hat sich die ursprüngliche Bauweise des Hausensembles von 1691 kaum verändert. Hier reihen sich Tür an Tür, Zimmer und Kontore aneinander hin bis zur historischen Goldschmiedewerkstatt. Durch einen idyllischen, mit welfischen Ofenplatten geschmückten Innenhof, darin scheint ein Ahornbaum (1916 gesetzt) gen Himmel zu wachsen, geht's am Weinkeller, an ehemaligen Gesellenkammern und Wirtschaftsräumen vorbei. 1883 begründete Karl Bade, der Vorfahr der heutigen Inhaberin, die heute denkmalgeschützte Werkstatt, 1901 erwarb er das Haus für hunderttausend Goldmark (eine Goldmark entsprach damals etwas über fünf Euro). In mittlerweile vierter nachfolgender Generation wird noch mit denselben alten Gerätschaften und Werkzeugen wie zu Beginn Gold, Silber und Platin „geschmiedet“ und zu Schmuckstücken verarbeitet. Eine behutsame Renovierung im Jahr 2000 brachte den Betrieb auf den neuesten Stand, ohne dass das Flair der Vergangenheit in irgendeiner Weise gelitten hätte.

Hier können Sie also zuschauen, wenn die Mitarbeiter fachgerecht wertvolle Materialien weiterverarbeiten, Schmuck mit edlen Steinen und schimmernden Perlen versehen, alte Stücke renovieren, restaurieren, pflegen und polieren.

Interessant sind jedoch für Besucher nicht nur die schöne Architektur der alten Fachwerkhausanlage und die typischen Arbeitsplätze, sondern auch die Werke des Oldenburger Künstlers Erich Klahn, welche in seiner Celler Zeit (die beinah fünf Jahrzehnte umfasste) entstanden und an den Werkstattwänden zu sehen sind. Die drei von ihm gestalteten deckenhohen Rötelzeichnungen sind beispielhaft für das bildnerische Schaffen im 20. Jahrhundert. Biblische wie mystische Motive, alle kreisen um das passende Thema „Gold“, zieren jedoch nicht nur die Wände, auch Balken, Simse, Rohre, Regale oder Lampen hat Klahn einfach in sein Werk miteinbezogen und gestaltet.

Rötel, auch roter Bolus genannt, ist eine feste rote Farberde und gilt als älteste Farbe der Menschheit, gemischt aus Ton oder Feldspat, Kalk (Kreide) und Hämatit (Eisenoxid). Damit wurden in der Steinzeit bereits Höhlen ausgemalt und die Verstorbenen in ihren Särgen verschönert. Rötel fand Verwendung als Heilmittel (mit Honig vermischt) und wurde bei Geschwüren, Mundfäule, Herpes und als Gegengift bei Schlangenbissen eingesetzt. In der Antike schätzte man geglühten Rötel vermischt mit Öl als wasserfeste Anstriche von Schiffen sowie als Wand- und Deckenfarbe. Als Zeichenstift fand Rötel erst wieder in der Renaissance Einzug in die Malstuben, man verwendete Rötelstifte vor allem für feine Zeichnungen, Skizzen und Entwürfe. Beliebt war Rötel bei Leonardo da Vinci, Raffael, Michelangelo, Pablo Picasso oder Vincent van Gogh.

Weitere Infos: www.goldschmiede-bade.de
Standort und Navigation: Innenstadt | Celle, Großer Plan 23

67 Das jährliche Seifenkistenrennen

Reminiszenz an viele Kindheiten

1958 fand es das letzte Mal statt – ab dann war das Seifenkistenrennen im Hehlentor über fünfzig Jahre lang aus dem Celler Veranstaltungskalender verschwunden. Doch seit einigen Jahren ist es neu belebt und entwickelt sich gerade wieder in Anknüpfung an die alte Tradition zu einem Höhepunkt im Freizeit- und Vergnügungssektor Celles – allerdings nun mit neuem, pädagogischem Charakter. Angestoßen wurde die Idee von der Arbeitsgruppe Kinderspielraum Hehlentor AG und 2010 und unter dem Motto „Leben und Lernen im Stadtteil Hehlentor" neu ins Leben gerufen. Celler selbst organisierten das Rennen Generationen übergreifend, 2011 war die Grundschule Hehlentor erstmals Mitveranstalter. Im Vorfeld wird in Teams, bestehend aus mindestens drei Generationen, im Idealfall Großeltern, Eltern und Kinder, eifrig gesägt, gehämmert, geschraubt, gemalt und lackiert. Aber auch spontan zusammengesetzte Gruppen, sozusagen familiäre Gefüge auf Zeit, sind dabei ebenso gern gesehen. Ob auf Zeit oder nicht, Oma und Opa, Mama und Papa sowie die Kinder bauen gleichermaßen an den Wagen, den „Seifenkisten". Der Kreativität und Fantasie sind dabei kaum Grenzen gesetzt, Hauptsache, das Konstrukt fährt. Den Seifenkisten, die bislang an den Start gingen, fehlte es jedenfalls weder an interessant konstruierten Formen noch an besonderen Namen, Vielfalt oder Farbe. Aber Schönheit allein genügt nicht. Dank dem Sponsoring diverser Betriebe und Firmen gelingt es den Veranstaltern (Privatleuten, Ortsrat, Kinderspielraum Hehlentor AG, Grundschule Hehlentor, Jugendhilfeträger VSE e.V., Kita Kapellenberg/AWO, Fachdienst Jugendarbeit und Grünflächenamt) neben der Freude am Basteln und Fahren, vor allem auch in Sachen Lernen den Teilnehmern etwas beizubringen und das ganz nebenbei. Egal ob Fahrzeugkonstruktion, Statik, Windwiderstandberechnungen, Lenkung, Bremsverhalten, Dynamik oder Physik, sie werden dem pädagogischen Konzept, das dahinter steckt, nämlich mit Kopf, Hand und Herz etwas erlernen, mehr als gerecht. Learning by doing, so könnte man das Ganze auch nennen. Die Bezeichnung Seifenkiste (Soap Box) geht übrigens auf einen Zeitungsphotografen der Daily News in Dayton, Ohio, zurück. Er berichtete über Kinder beim Bauen derselben. Sie verwendeten dafür unter anderem Seifen- und Käsekisten, Blechdosen und -wannen und ähnliches, der Fotograf schuf den Namen für die kleinen Wagen. Es hätten daraus also genauso gut auch Cheese- oder Sheet-Boxes werden können …

Das erste Seifenkistenrennen fand 1933 in Dayton statt, in Deutschland etablierten sie sich erst nach dem Zweiten Weltkrieg, nach 1972 verloren sie – leider – wieder gewaltig an Bedeutung. Doch Celle hat jetzt wieder sein jährliches Seifenkistenrennen.

Weitere Infos für Renntermine und -strecken:
www.gs-hehlentor.de/seifenkistenrennen
oder zu erfragen Hehlentorschule: (0 51 41) 3 69 03
Standort und Navigation: Hehlentor, Celle

68 Das Celler Örtchen

Geschissen in die Zwische

In vielen mittelallterlichen Städten, die wie Celle einst sehr schmalparzellig angelegt wurden, finden sich zwischen den eng nebeneinander angeordneten Häusern so genannte Traufgassen, die etwas zwischen einer guten Hand bis zu einem ganzen Meter breit sind. Im Norden werden sie „Twiete“, „Twechte“, „Tweute“ oder „Twete“ genannt, das bedeutet kleine Straße oder schmaler Durchgang zwischen Häusern, in Nordrhein-Westfalen heißen sie auch „Hallen“ oder „Soden“. Hier in Celle sagt man dazu schlicht und ergreifend „Zwische“. Sie werden hier seit Jahrhunderten von einfach gezimmerten Holztüren verschlossen gehalten, doch weder Entstehung noch Funktion sind bislang hinreichend bekannt. Möglicherweise dienten sie einst der Brandverhütung, Dach- und Hofentwässerung, Belüftung oder auch Beleuchtung (Tageslicht). Fakt ist jedoch, dass sie in Celle auch als Abtritt genutzt wurden – in der Altstadt an einem Beispiel jedenfalls noch wunderbar zu sehen. In einer Zwische in der Altstadt können Sie einen Erker erkennen, der an der Westseite eines Hauses zu sehen ist. Er hatte einst den Bewohnern als Aborthäuschen gedient. Als Fachwerkkonstruktion ragt das „Celler Örtchen“ aus dem eigentlichen Gebäude heraus, im Boden ist ein Loch eingelassen, und „geschissen“ wurde in die darunter liegende Zwische – direkt in einen Wassergraben, der sich wahrscheinlich durch den schmalen Gang zwischen den beiden Hauswänden entlangzog. Dieser verlief möglicherweise unter allen Wällen hindurch bis außerhalb der Stadtmauern in den die ganze Stadt umfließenden Stadtgraben.

Das hiesige „Zwischen-Klo“ ist wohl eine bauliche Besonderheit, da Aborterker im Mittelalter eher an isoliert stehende Gebäuden wie Burgen oder Klöster angebaut wurden, innerstädtisch dienten meist eher Sickergruben als Toiletten. Vielleicht jedoch erklärt sich die Nutzung speziell dieser Zwische als „Abort“, weswegen in Celle kolportiert wird, dass die beidseits ansässigen Anwohner (welche die Zwische nutzen, aber nie als Besitz für sich in Anspruch nehmen konnten) sich nur schwer dafür erwärmen konnten, sich für deren Sauberkeit und Instandhaltung verantwortlich zu zeigen. Es gab wohl unter den Anwohnern über alle Jahrhunderte hinweg immer wieder Streit darüber, ob der Anwohner rechts oder links dafür zuständig war (angeblich war es stets der rechts gelegene) und wer die Kosten dafür zu übernehmen hatte.

Standort und Navigation: Altstadt | Celle, Robert-Meyer-Platz, links neben der Sparkasse

69 Das KAV

Moderne Vorreiterin in Sachen Mädchenbildung oder wo einst eine amerikanische Präsidentenmutter die Schulbank drückte

Schulunterricht für Mädchen war jahrhundertelang kaum existent und bestand bestenfalls in der Vermittlung von Grundkenntnissen im Lesen, Schreiben und Rechnen. Viel wichtiger war die häusliche Erziehung in Sachen Kochen, Wäschepflege oder Nähen. Nur Mädchen aus besserem Hause wurden zusätzlich in Tanz und Konversation unterrichtet. Wer von ihnen Glück hatte, in dem Fall einige Brüder und dazugehörige Hauslehrer, konnte eventuell nebenher einiges lernen. An ein Studium war lange kaum zu denken, und für die meisten Mädchen endete der Schulbesuch in der Regel mit der Konfirmation oder Firmung. Danach ging's bei feinen Herrschaften in Stellung, sie wurden Mägde oder, egal welcher Schicht angehörend, mit passenden Ehemännern verheiratet. Bildung in klassischen Fächern wie Latein oder Mathematik war der männlichen Jugend vorbehalten. Erstmals legten in Deutschland 1886 Mädchen Abiturprüfungen ab. Umso fortschrittlicher mutet es an, dass es in Celle bereits 1805 zur Gründung einer „Höheren Töchterschule" kam, die zweite auf dem gesamten heutigen niedersächsischen Gebiet. Die Initiative geht auf den Theologen Johann Conrad Eggers zurück, damals erster Pastor an der Stadtkirche. Auf allzu viel Gegenliebe indes stieß seine progressive Idee bei den Celler Bürgern nicht, die Zahl der Schülerinnen schwankte stark und Eggers unterrichtete zeitweise in seinen Privaträumen. Dennoch bekam die Schule 1815 den Status „Höhere Töchterschule" und nach und nach wurde sie auch von der Bevölkerung angenommen. Bald wurden weiterführende Klassen eingerichtet und um die Selekta, ein freiwilliges neuntes Schuljahr, erweitert. Dem Schuljahrgang 1868/69 gehörte auch eine junge Dame namens „Sallie" Sara Ann Delano an. Die Amerikanerin (geb. 1854) wurde später die Mutter des späteren US-Präsidenten Franklin Roosevelt. Sie war in jener Zeit mit zwei Geschwistern auf jahrelanger Bildungreise durch Europa unterwegs – in Deutschland besuchte sie neben Celle auch in Dresden und Hannover die Schule. Ihr Bruder Warren Delano III. war hier zur selben Zeit an einer Handelsschule eingeschrieben. Sara wohnte zur Untermiete bei der Kaufmannsfamilie Wilhelm und Phillipine Louise Schele, die gesellschaftlich „direkt nach dem Adel" rangierte, das Haus der Familie lag in der Zöllnerstraße 323 (heute Hausnummer 27).

1876 erfolgte der Neubau der Mädchenschule an der Hannoverschen Straße, die Einrichtung sah nun ihre Aufgabe darin, „der ihr anvertrauten weiblichen Jugend eine gründliche allgemeine Geistesbildung zu gewähren, wie sie den Bedürfnissen der Zeit und den späteren Lebens- und Berufsverhältnissen der Töchter zumal der höheren Lebenskreise entspricht". 1905 wurde die Schule umbenannt in „Kaiserin-Auguste-Viktoria-Gymnasium". 1928 wurde die gymnasiale Oberstufe eingeführt, drei Jahre später verließen die ersten Abiturientinnen, zwölf an der Zahl, das Gymnasium.

1969 wurden erstmals Jungen zugelassen. 1991/92 waren das KAV und die Stadt Celle Teil des Sets der Fernsehserie „Unser Lehrer Dr. Specht".

Weitere Infos: www.kav-celle.de
Standort und Navigation: Westercelle | Celle, Hannoversche Straße 53

70 Der Französische Garten

Éléonores „Wundergarten"

Bereits in der Renaissance existierte eine Gartenanlage dort, wo sich heute der „Französische Garten" befindet, und sie umfasste auch damals schon beinah einen Quadratkilometer. Darin wurden Blumen, Gemüse und Früchte gezüchtet. Aus jener Zeit steht noch das „Schlösschen", 1611 im Stil der Renaissance-Fachwerkbauweise und einst als Wohnraum für Hofgärtner errichtet. Durch Herzogin Éléonore d'Olbreuse angeregt, wurde ab 1670 die Anlage in einen barocken Lust- und Nutzgarten nach französischem Vorbild umgewandelt. Die Duchesse beauftragte damit zwei Landsmänner und Gärtner (für die Namensgebung mitverantwortlich), es entstand eine Anlage à la mode in der höfischen Gartentradition – mit geometrisch angelegten Beeten, Wegen, Wasserläufen und einer um 1677 neu erbauten Orangerie.

Nehmen Sie sich Zeit für einen Spaziergang durch die bereits in den Jahren 1695/96 an der Nordseite angelegte, über 300 Meter lange, vierreihige Lindenallee. Damals wurde die in Deutschland noch unbekannte Baumart „Winterlinde" gepflanzt, welche bis heute als Mittelachse die Ost-West-Ausrichtung prägt (in den Jahren 1951/53 mit „holländischen Linden" erneuert). Gehen Sie zwischen Baumreihe zwei und drei. Und dann schauen Sie zum Himmel hoch, da sehen Sie einen so genannten Himmelsstrich: Die Bäume sind so geschnitten, dass sie eine Wegachse gen Himmel zeichnen.

So gepflegt wie zu Zeiten Éléonores sah die Anlage indes nicht immer aus. Als Celle 1705 durch den Tod des Herzogs den Status als Residenzstadt verlor, versank sie in Dornröschenschlaf und verwilderte. Erst 1770 geschah wieder etwas: Der runde Teich wurde anstelle von vier rechteckigen Teichbecken angelegt. Heute Heimat unzähliger Enten, misst dieser 100 Meter im Durchmesser und ist 0,8 bis 1,50 Meter tief. Aufregend ist die mittig angeordnete Fontäne, die am Abend beleuchtet wird. Doch letztlich erfuhr der Park erst 1772 wieder eine höfische Wiederbelebung, als er für die dänische Königin Caroline Mathilde, die nach Celle verbannt wurde, standesgemäß im Stil eines englischen Landschaftsparks (die Königin war gebürtige Engländerin) inklusive Teehäuschen (verschwand 1801), mit geschwungenen Wegen und großen Rasenflächen hergerichtet wurde. Leider starb die Exil-Königin kaum drei Jahre später und der Park verwilderte erneut. Der „Wundergarten", wie er anfangs genannt wurde, wurde erst um 1880 wieder „entdeckt", als eine „Cur- und Trinkhalle" dort ihren Betrieb aufnahm. 1924 um einen Kinderspielplatz und 1957 eine Freilichtbühne erweitert, birgt der längst unter Gartendenkmalschutz gestellte Park eine exotische Baumvielfalt, den von Garteninspektor Otto von Boehn angelegte Rosengarten (um 1920), diverse Skulpturen und Denkmäler. Das ehemalige Schwanenhaus ist heute Begegnungsstätte, das Bienen-Institut (Orangerie) sowie eine Kindertagesstätte (Schlösschen) haben hier ebenfalls ihren Platz gefunden.

Standort und Navigation: Rand der Altstadt | Celle; Eingänge von Magnusstraße, Wehlstraße, Südwall und Maulbeerallee

71 Das große Feuer

Der Erinnerungsstein an die Waldbrandkatastrophe im Sommer 1975 in Hustedt

August 1975, es herrschen 34 °C, der Wind bläst stark aus der Richtung, in der seit Tagen die Wälder brennen. Teile der Landkreise Celle, Gifhorn und Lüchow-Dannenberg stehen in Flammen, von Meinersen bis Gorleben lodern Wälder, Moore und Heideflächen. Orte wie Eschede, Queloh, Miele, Rebberlah, Starkshorn und Beckedorf sind bedroht, viele Bewohner der Gegend müssen evakuiert werden. Eine meterhohe Feuerwand wälzt sich Richtung Celle, sie wird über kurz oder lang die Ortsteile Hustedt, Scheuen und Garßen erreichen. Die B 191 zwischen Celle und Eschede sowie die Bahnstrecke Celle–Uelzen müssen gesperrt werden.

Die schlimmste Feuerkatastrophe, welche die Menschen dieser Region je erleben werden, nimmt ihren Lauf. Monatelange Trockenheit und Überreste von Sturmschäden vergangener Jahre geben dem Feuer Nahrung im Überfluss, das Krisenmanagement arbeitet unsicher und zögerlich. Die Brandherde sind zudem nur schwer über unbefestigte Wald- und Heidewege erreichbar. Im gesamten Krisengebiet leisten letztlich über 15.000 Helfer einen hoch gefährlichen Einsatz. Über 1.200 Mitglieder der Kreisfeuerwehr Celle löschen vor Ort, ebenso an die 3.000 Männer aus Niedersachsen und unzählige Helfer von Feuerwehren aus anderen Bundesländern. Über 1.000 Mitglieder vom DRK, den Johannitern und Maltesern, dem THW und von weiteren Sanitätsdiensten, ebenso aus den Bereichen Zoll, Forst und Grenzschutz sind als Unterstützer vor Ort, auch britische Soldaten sind dabei, und bekämpfen die Flammen. Die Bundeswehr kommandiert Flugfeldlöschfahrzeuge aus dem Rheinland ab. Doch es ist viel zu wenig Wasser in der Nähe. Das Wasser kommt bis aus dem Steinhuder Meer bei Hannover. Fahrzeuge, Polizei- und Feuerwehrhubschrauber werden in das Krisengebiet geschickt, ebenso mehrere Bergepanzer, welche die weitere Ausbreitung der Flammen durch gezielte Schneisenbildung verhindern sollen. Ein Schienenlöschzug der Deutschen Bundesbahn und französische Spezial-Löschflugzeuge werden eingesetzt. Das große Feuer begann am 8. August im Landkreis Gifhorn, am 9. erreichte es den Celler Landkreis, am 12. den von Lüchow-Dannenberg. Am 17. August, nach zehn Tagen, kam endlich die ersehnte Meldung „Feuer aus“ – die Brände waren wieder gelöscht.

Um die 9.000 Hektar Wald, Heide- und Moorflächen wurden dabei vernichtet. Die betroffenen Celler Ortsteile kamen nur teilweise glimpflich davon: In Hustedt fielen mehrere Gebäude den Flammen zum Opfer, mehrere Feuerwehrmänner erlitten Rauchvergiftungen und Brandverletzungen, sechs Feuerwehrleute mussten ihr Leben lassen. Gedenksteine im Landkreis sind ihnen gewidmet. Ein Gedenkstein in Hustedt erinnert im Ort an die Katastrophe.

Die Brandursache bleibt bis heute ungeklärt. Der Funkenflug von Bremsen, ein Zigarettenstummel oder der Feuerteufel, alles ist möglich. Der Wind, sagten die Bewohner damals, wenn der Wind nicht gewesen wäre…

Standort und Navigation: Hustedt | Celle, Zur Jägerei

72 Die Stele am Nordwall

Wo einst das „Billung" stand

Nur eine Stele vom einstigen Eingangsportal der alterwürdigen „städtischen Real-Vollanstalt" und der später schlicht „Billung" genannten Schule am Nordwall erinnert an die glanzvolle Zeit des Gebäudes, welches 1877 von dem Freimaurer Friedrich Ludwig Schumann gebaut wurde und die Altstadt jahrzehntelang überragte. Der hinter den Mauern und Spitzbögen ursprünglich aus der Lateinschule (heute Stadtbibliothek) hervorgegangene Realzweig bereitete hier die Zöglinge in praktischer Weise auf den „Ernst des Lebens" vor.

Der Begriff „Realschule" wurde bereits im Mittelalter geprägt. Ein Benedektinerabt vom Bodensee pries die Erfahrung der eigenen Hände Arbeit als pädagogischen Nutzen, Humanisten und Aufklärer befürworteten, neben der Sprachbildung auch die „realen" Lehren in die schulische Ausbildung zu integrieren, wie beispielsweise Handwerk und Technik, Handel und Gewerbe. Doch die Reformation setzte dieser praktisch orientierten Ausbildung rasch ein Ende. Gefordert waren wieder die klassischen Lateinschulen, welche sich streng an die kirchliche Tradition anlehnten. Mitglieder des Adels jedoch monierten den Rückschritt und gründeten Gegenschulen, die Vorbilder der sich zeitgleich entwickelnden bürgerlichen Realschulen. Deren wichtigster Lehrinhalt war zunächst Unterricht in der eigenen Muttersprache. Nach und nach wurden auch Fächer wie Mathematik, Technik, Politik oder Biologie unterrichtet. Der Essener Theologe Johann Julius Hecker (1707–1768) schließlich führte einen regelhaften Fächerkanon ein und gilt damit als Gründer der modernen Realschulen.

Das „HBG" oder „Billung" hat seit der Gründung diese und jene Gattung mit Höhen und Tiefen durchschritten: Es avancierte zur höheren Bürgerschule, dann zum Realgymnasium, wurde wieder Realschule, stieg auf zu Oberrealschule und Reformrealgymnasium, bis es schließlich 1957 den Status als neusprachlich-mathematisch-naturwissenschaftlich orientiertes Gymnasium erhielt, der bis heute gilt.

Der Umzug erfolgte 1971. Ein Neubau auf der „grünen Wiese" mit einer zweckmäßigen Archiktekur im Baukastensystem mit variablen Wänden, modernen Klassenräumen (Hörsaalcharakter), Sprachlabor, Sporthalle und Kunsttrakt sowie zeitgleich die Einführung der Koedukation ließen die Schule rasch zur neuen „Modellschule" aufsteigen. Selbst wenn ewig Gestrige die AbsolventInnen bis heute noch gern ein wenig verächtlich als „Oberrealschüler" titulieren und dem Gebäude am Nordwall nachtrauern, war das „neue Billung" damals wegweisend in Lehre und Pädagogik. Die neogotische Stele ist eine liebevolle Hommage an die Anfänge der Schule, welche erst in den dreißiger Jahren ihren endgültigen Namen erhielt. Pate stand dafür Hermann Billung, vermutlich aus sächsischem Adelsgeschlecht, zeitweilig Stellvertreter Königs Ottos I. im Herzogtum Sachsen und von 952 bis 973 Herzog auf der Lüneburg. Er gilt als Gründer der Ortes Hermannsburg (um 940), der seinen Namen trägt.

Standort und Navigation: Celle | Nordwall 22, Ecke Theo-Wilkens-Straße

73 Celler Brunnen 2

Von modernen Wasserquellen im Stadtgebiet

Das muss man wissen, um diese Wasserkunst zu verstehen: Die Stechbahn, früher Steckelbahn, ist der ehemalige Turnierplatz der Stadt. Die 32 Meter langen Wasserspiele symbolisieren die mittelalterlichen Ritterturniere, die einst darauf ausgetragen wurden. Wie bei einem historischen Wettkampf laufen dabei kleine Fontänen spielerisch aufeinander zu, eine elektronische Steuerungsanlage (unterirdisch) sorgt für optische Abwechslung. Am einen wie am anderen Ende der Spiele stehen die beiden „Königsstühle" mit den dazugehörigen Lanzen. Entwurf und Konzeption entstanden in Zusammenarbeit der Stadt Celle mit den beiden Hildesheimer Künstlern Hans-Werner und Jan Kalkman, Vater und Sohn, die Wasserspiele gehören seit 2004 zum Stadtbild.

Der Bildhauer Bernhard Frydag schuf 1907 den Schäferbrunnen aus Stein und Bronze in den Triftanlagen, er stand von 1912 bis 1927 als Stiftung der Firma Haacke in der Altstadt. Zu Kriegszwecken wurde die Schäferfigur samt Hund in den vierziger Jahren eingeschmolzen. 1955 bekam die Künstlerin Gerda Sautter Hotzen, die vor allem als Relief- und Medaillenporträtistin sowie Krankenschwester tätig war, den Auftrag, diese zu ersetzen. Sie fertigte eine Skulptur aus Kreuzheimer Muschelkalk, die heute noch den Brunnen ziert.

Im Sankt-Georg-Garten, Im Kreise (beide Blumlage) und in der Kirchhofstraße (Neustadt) stehen ebenfalls moderne Brunnenanlagen. Letzterer, genannt „der Schirmbrunnen" und ebenfalls aus der Werkstatt Kalkmann, entstand im Zuge der städtebaulichen Veränderung der Neustadt auf Wunsch der Bürger, die auch selbst aktiv an der Gestaltung beteiligt waren. Das Brunnenpflaster mit Wassermotiven wie Fische, Wal, Arche Noah oder Muscheln stammt von den kleinen und größeren Stadtteilbewohnern gleichermaßen.

Der Künstler Ernst Föll verarbeitete für den Brunnen am Thaerplatz „Flos-die Blumen der Geometrie" verschiedene geschliffene, rostfreie Metallstäbe, welche Fachwerkbalken symbolisieren sollen. Der Brunnenstein aus poliertem schwarzem Granit nimmt Bezug auf die alten Pipenposten in der Altstadt. Ernst Föll, Joseph Beuys-Schüler, war bei der Gestaltung wichtig, alle umgebenden Dinge in einem skulpturalen Formwillen differenziert zusammenzufassen. Seine Lieblingsmaterialien zur Verarbeitung sind Holz, Stein, Metall, Glas und Textil.

Auch der Ortsteil Vorwerk kann mit einem Brunnen aufwarten. „Die Siedler" von Jan Obornik zeigen zwei abstrakte, auf einem Findling sitzende Figuren aus Edelstahl, umgeben von regionalen Feldsteinen. Der Künstler, 1967 im Raum Hannover geboren, studierte Produktiondesign (Fachrichtung Mediengestaltung) an der Hochschule für angewandte Wissenschaft und Kunst in Hildesheim und lehrt daselbst seit 2008 das Fach Grundlehre 3D.

tandorte und Navigationen:

Vasserspiele Altstadt | Celle, Stechbahn
chäferbrunnen Neuenhäusen | Celle, Arndtstraße (Triftanlagen)
los Altstadt | Celle, Thaerplatz
ltstadt | Celle, Großer Plan, Ecke Poststraße
lumlage | Celle, Sankt-Georg-Garten und Im Kreise
leustadt | Celle, Kirchhofstraße
'orwerk | Celle, Vorwerker Platz

74 Das Celler Loch

„Staatsunsinn“ par excellence

Als am 25. Juli 1978 um 2.54 Uhr mit einem lauten Knall ein im Durchmesser rund vierzig Zentimeter großes Loch in die äußere Gefängnismauer der JVA Celle gebombt wurde, sollten jedermann und jedefrau glauben, dass dies der Handschrift der Roten Armee Fraktion zuzuschreiben sei, denn einige Mitglieder saßen zu dem Zeitpunkt ein. Es war, so hieß es zunächst, ein Anschlag zur Befreiung der RAF-Mitgliedes Sigurd Debus, der wegen Vorbereitung von guerillaähnlichen und terroristischen Anschlägen in Celle zwölf Jahre abzusitzen hatte. Doch Debus lag zu dem Zeitpunkt im Bett und war von den Befreiungsbemühungen um seine Person ebenso überrascht wie die Celler Kripo. Die Aktion, die später ganz unrühmlich als „Celler Loch“ in die Geschichte einging, war nämlich nichts anderes als eine von der Landesregierung (seinerzeit unter der Führung von Ernst Albrecht) und dem niedersächsischen Verfassungs- und Grenzschutz ausgeführte Aktion, um die Einschleusung eines V-Mannes in das Hochsicherheitsgefängnis vorzubereiten. Auch die Gefängnisleitung war angeblich involviert.
Die Aktion „Feuerzauber“, so der Deckname, war generalstabsmäßig vorbereitet worden. Ein Mercedes wurde gestohlen, Munition und gefälschte Pässe darin deponiert, in Debus' Zelle Ausbruchswerkzeug versteckt. Zwei „Kriminelle“, welche in Wirklichkeit Leute vom Verfassungsschutz waren, wurden mit der Durchführung des Anschlags betraut. Sie wurden später auch den Medien als Tatverdächtige präsentiert. Ein so genanntes „Dellwo-Papier“ wurde zusätzlich veröffentlicht, dessen Inhalt besagte, dass mit Anschlägen solcher Art eine „Zusammenlegung einsitzender Terroristen zu Interaktionsgruppen“ erreicht werden solle.
Die Tat wurde strafrechtlich nie verfolgt und hätte nicht ein neugieriger Journalist die Sache 1986 nochmal gründlich recherchiert, wäre die Aktion wahrscheinlich völlig in Vergessenheit geraten. Doch Ulrich Neufert, damals tätig bei der Hannoverschen Allgemeinen Zeitung, fand heraus, was wirklich passiert war, nämlich dass kein einziger RAF-Terrorist in den Anschlag verwickelt war und stattdessen, kurz zusammengefasst, ein Beamter die Bombe gelegt hatte, welche von Ministern (und Verfassungsschutz) in Auftrag gegeben worden war.
Ein Skandal! Die Regierung musste sich vor einem parlamentarischen Untersuchungsausschuss erklären, Innenminister Wilfried Hasselmann geriet dabei in arge Bedrängnis. Für seine Recherchen wurde Ulrich Neufert mit dem „Wächterpreis der deutschen Tagespresse“ ausgezeichnet, der Dokumentarfilm „Das Celler Loch“ (1989 uraufgeführt) erhielt den Max-Ophüls-Preis.
Als 1998 die alte Außenmauer der JVA Celle (siehe auch S. 86) erneuert werden musste, wurde das „Celler Loch“ eigens herausgefräst und rekonstruiert. Bei Umsetzungsarbeiten einige Jahre später fiel es vom Gabelstapler und fristet seitdem bis zur Reaktivierung als Denkmal ein Dasein zwischen Schutt und Moos auf dem Gelände der JVA. Trotz allem – es erinnert daran, dass dieser „Staatsunsinn“, so der damalige Gefängsidirektor Wohlgemuth, nicht ganz in Vergessenheit gerät.

tandort und Navigation: JVA, Neuenhäusen | Celle, Trift 14

75 Die Ritterschaft und Stechinellis Brunnen

Kleinode am Schlossplatz

Kurz und knackig: die „Ritterschaft". Im Celler Jargon heißt so das barocke Häuser -Ensemble an der Ecke Kanzleistraße/Schlossplatz. Es ist eine der wenigen Anlagen in der Altstadt, die massiv aus Stein gebaut sind. Doch was ist diese „Ritterschaft" eigentlich genau? Seit Jahrhunderten fester Bestand des Stadtbildes, ist diese nicht nur das Gebäude als solches, sondern auch die Bezeichnung für den Zusammenschluss der Eigentümer alter Rittergüter, welche der frühere Landesherr an verdiente Gefolgsleute zum Lehen vergab. Diese Ritterschaft gehörte zur „Landschaft" (zusammenfassend die gesamte Bevölkerung eines Fürstentums), eine bereits im Mittelalter bestehende Einrichtung von Vertretern aus Klerus, Adel und Städten, die ab 1640 in Celle zusammenkamen. Bestehend aus diesen drei Landständen und „Kurie" genannt, repräsentierte und vertrat sie die Bevölkerung gegenüber dem Landesfürsten bei den „Landtagen". Sie wirkte bei Gesetzgebung, Verwaltung und Steuerentscheidungen mit und konnte auf Missstände in Regierungs- und Verwaltungsfragen hinweisen, die „Gravamina vortragen" (Gravamen, lat. drückende Last; Plural: Gravamina). Die „Landschaft" kann somit vielleicht als frühe demokratische Beteiligung der Bevölkerung an der Regierung und Politik gesehen werden. Bis 1652 tagte man noch unter freiem Himmel. 1866, nach der Annexion Hannovers durch Preußen, verblasste ihr Einfluss, die „Landschaft" verlor ihren Status, blieb jedoch als öffentlich-rechtliche Körperschaft bestehen. Heute obliegt ihr die Bewahrung und Pflege des traditionellen Erbes des ehemaligen Fürstentums Lüneburg, der Schwerpunkt liegt auf der Förderung wissenschaftlicher und kultureller Projekte. Noch heute tagen zweimal jährlich derzeit 75 Vetreter von noch bestehenden Rittergütern in der „Landschaft des vormaligen Fürstentums Lüneburg", der „Ritterschaft" zu Celle. Ein Blick auf Gebäude und Innenhof durch die verschlossenen Gitter an der alten Durchfahrt lohnt sich – die vierflügelige Anlage, einst Dienstsitz des Hofkanzlers, umfasst den größten Celler Altstadthof.
Um den heute verwunschen anmutenden Innenhof lagen neben dem Haupthaus auch die Wirtschaftsgebäude, Remise, Ställe sowie die Gesindeunterkünfte. Neben einem kleinen Brunnen und einer alten Pferdetränke, die beide an jene Zeit erinnern, ist jedoch auch der achteckige Schmuckbrunnen besonders sehenswert, den die Stadtchronistin Carla Meyer Rasch (1885–1977) als „kleines Kabinettstück barocker Steinmetzkunst mit seinen sehr gut erhaltenen Reliefs und Sprüchen" betitelte. Einst im Vorhof des barocken Palais des General-Erbpostmeisters der Welfen und Agenten des Celler Hofes Capellini (Stechinelli), heute Hotel Fürstenhof, erbaut, ist der Brunnen mit seinen sieben Brunnenplatten möglicherweise beredtes Zeugnis von Stechinellis bewegtem Liebesleben, so jedenfalls wird die Zier desselben interpretiert. Der Brunnen wurde 1964 als Geschenk der Stadt Celle am heutigen Ort aufgestellt.

tandort und Navigation: Altstadt | Celle, Schlossplatz

76 Das Wirken des Künstlers Erich Klahn

Oldenburger Kunst in Celle

Erich Klahn ist manch älteren Cellern noch ein Begriff und vor allem jenen bekannt, die sich schon einmal mit den Wienhäuser Klosterteppichen beschäftigen haben; sein künstlerischer Nachlass in Celle ist sehr beachtlich.
Klahn, 1901 in Oldenburg geboren, durfte bereits als Junge die private Kunstschule von Willibald Leo von Lütgendorff-Leinburg in Lübeck besuchen. Es folgten eine Ausbildung zum Glasmaler bei Berkentien in Lübeck, anschließend das Studium der Malerei an der Akademie der bildenden Künste in München sowie Studienreisen nach Italien, Spanien und in die Niederlande. Das Examen legte er an der Hamburger Kunstschule ab. Er war als Zeichner, Aquarellist, Maler und Kunsthandwerker tätig und arbeitete von 1925 bis 1927 als Kulissen- und Bühnenmaler am Lübecker Stadttheater, bis er 1929 nach Celle kam und erstmals mit der Teppichwerkstatt Carlotta Brinckmann zusammenarbeitete. Diese bearbeitete gerade den Auftrag für die Restaurierungsarbeiten an den Wienhäuser Klosterteppichen. Er wurde dort künstlerischer Berater und seine Leidenschaft für den Klosterstich war geweckt.
Dafür wird auf Leinen ein Wollfaden mit kleinen „Überfangstichen" desselben Fadens befestigt. Faden für Faden muss nebeneinander gelegt werden, bis die gesamte Musterfläche ausgefüllt ist. Es entstand Klahns erstes großes Werk, ein Totentanz-Teppich. Unter seiner künstlerischen Anleitung konnten die MitarbeiterInnen der Teppichwerkstatt bald große Kunstfertigkeit erlangen. Zwischen 1929 und 1932 entstanden einige Teppiche nach seinen Entwürfen – bis er sich wieder verstärkt der Malerei und besonders Altarwerken, Wand- und Deckenzyklen mit alttestamentarischen Themen zuwandte. Besonders sehenswert dazu sind die Zeichnungen in der Goldschmiedewerkstatt Bade (siehe auch S. 146). Im Ladengeschäft ist ebenfalls ein Klahn-Teppich zu sehen. Daneben sind in Celle unter anderem der 1954 von ihm geschaffene Bergpredigtaltar sowie die Vaterunser-Tür (1930) in der Stadtkirche Sankt Marien zu sehen, in der Bonifatiuskirche das Bildnis des Heiligen Georgs (1959) sowie im Oberlandesgericht der Teppich „Das Salomonische Urteil" (Entwurf von 1962). Das Bomann-Museum zeigt den Totentanz-Teppich und das Baal-Triptychon. Auch die künstlerische Ausgestaltung der Christuskirche (1963) in Westercelle geht auf Klahn zurück. Besonders sehenswert sind das Altarbild „Der Auferstandene", der Altarbehang (Antependium oder auch Parament) sowie die Türklinken. 1943 erhielt Erich Klahn den Geibelpreis der Hansestadt Lübeck.
Erich Klahn lebte zunächst mit der ersten in Celle tätigen praktischen Ärztin, Getrud Lamprecht zusammen. Ab 1951 in Celle fest ansässig, heiratete er 1953 Barbara Bosse, die bereits seit 1946 nach seinen Vorgaben Teppiche stickte. Damit begann eine intensive und langwährende Werkstattgemeinschaft, es entstanden in enger Zusammenarbeit der Eheleute an die 100 Teppiche. Klahn verstarb im Oktober 1978.
Seit 2001 verwaltet die Klosterkammer Hannover im Kloster Mariensee in Neustadt am Rübenberge die Klahn-Stiftung mit Nachlassarchiv und Ausstellungsräumen.

Weitere Infos: www.klahn-stiftung.de

Standorte und Navigationen:

Bergpredigtaltar und Vaterunser-Tür Stadtkirche Sankt Marien | Celle, Stechbahn
Das Salomonische Urteil Oberlandesgericht | Celle, Schlossplatz 2
Heiliger Georg Bonifatiuskirche Klein Hehlen | Celle, Bonifatiusstraße
Totentanz-Teppich und Baal-Triptychon. Bomann-Museum | Celle, Schlossplatz 7
Christuskirche Westercelle | Celle, An der Christuskriche 3

77 Honky Tonk und Streetparade

Celle im Musikfieber

Wenn Anfang Mai halb Celle auf den Beinen ist, dann ist Honky Tonk-Time! Dann sind für eine Nacht Cafés, Bars, Kneipen, Restaurants und sogar Hotels eine einzige Bühne! Gespielt wird alles und alles gleichzeitig in verschiedenen Lokalen: Sämtliche Spielarten der populären Livemusik sind vertreten, egal ob Blues, Country, Folk, Funk, Jazz, Jive, Kaffeehaus, Latin Groove, Reggae, Rock'n'Roll, Salsa, Swing oder Tango. Alles ist möglich – ganz in Anlehnung an die Ursprünge im Süden der USA, als eine rustikale Schankkneipe mit Livemusik und Trinkfreudigkeit eben ganz easy zu einem „Honky Tonk" umgewandelt wurde! In der Populärmusik steht der Begriff übrigens auch für eine bestimmte Stilrichtung der Country-Musik, in der elektrische Gitarre und Schlagzeug eingesetzt werden. Umgangssprachlich sagt man in den USA auch auffordernd „Let's Honky Tonk", wenn es etwas zu feiern gibt. Steigende Besucherzahlen beweisen: Das Honky Tonk hat Kultpotential! 1993 erstmals in Schweinfurt veranstaltet, ist das Festival mittlerweile fest integriert in die deutsche Musikszene und nun auch in Celle angekommen! Das Finanzkonzept dahinter ist denkbar einfach: Besucher zahlen an einer der Kassen einen einmaligen Obulus, dafür gibt's ein Armbändchen ans Handgelenk geknipst und schon hat man freien Zutritt zu allen beteiligten Lokalen und Bands.

Wenn Sie im Juni das Gefühl haben, die ganze Stadt bebe plötzlich von Jazz- und Blues-Rhythmen, wenn Musiker swingend und groovend durch die Altstadtgassen marschieren oder auf Bühnen spielen, und wenn Sie meinen, direkt in New Orleans zu stehen, dann ist in Celle Streetparade, ein Fest für Jung und Alt gleichermaßen! Diverse Marching- und Brassbands, seit Jahren hier beliebte wie bekannte Gruppen aus ganz Deutschland und der halben Welt, geben sich ein Stelldichein und verzaubern mit ihrem Spaß und ihrer Lust am Musizieren, ihrer ansteckenden Fröhlichkeit und Professionalität die Altstadt in ein großes Spektakel, das jeden Besucher gefangennimmt.

Seit 1992 heizen die Musiker vornehmlich mit New-Orleans- und Dixie-Jazz die Stimmung an, dabei ist es nicht mehr selbstverständlich, dass es die Streetparade überhaupt noch in Celle gibt. Sie stand bereits aus finanziellen Gründen kurz vor dem Aus – 2011 wurde sie aus dem Veranstaltungskalender der Stadt gestrichen. Doch die Stadtväter versprachen, sie nicht sterben zu lassen, und so ist sie wieder da, etwas abgespeckt und um ein gastronomisch breiter gefächteres Angebot ergänzt, so dass auch die Durstigen und Hungrigen unter den Besuchern auf ihre Kosten kommen. Noch ist der Eintritt übersichtlich, und so soll es bleiben, doch sind dann auf Dauer Sponsoren vonnöten. Vielleicht wären bei diesen künftigen Überlegungen die Zeilen von Jazzlegende Dave Brubeck hilfreich „...wouldn't it be better, not to be so polite, you could offer a light, start a little conversation now, it's alright, just take five, just take five...".

Weiter Infos: www.celle-tourismus.de/home/veranstaltungen oder Telefon (0 51 41) 2 76 46

Standorte und Navigationen: Innenstadt | Celle, Parkplätze und Parkhäuser: Schützenplatz, Bahnhof, Nordwall, Südwall, Union, Sägemühlenstraße, Im Kreise, Herzog-Ernst-Ring

78 Die Adelsgräber im Neuenhäusen

Wo nicht nur die „Hübschen“ ihre letzte Ruhe fanden

Der Heirat des Heideherzogs Georg Wilhelm mit der Französin Éléonore d'Olbreuse verdankte Celle den Zugzug höfischer Bediensteter, Handwerker, Beamten und Soldaten und einer adeligen Bevölkerungsschicht, die nicht nur die feine Lebenart nach Celle brachte, sondern auch Platz benötigte. Bald siedelten sie sich südlich und westlich des Schlosses an, es entstand der Ortsteil Neuenhäusen, damals „Klein Versailles“ genannt. Wo Ansiedlungen sind, wird gelebt und gestorben, es musste ein Friedhof her, der ihnen auch bald zuerkannt wurde. Bei Wind und Wetter wurden nun im Freien die Feierlichkeiten abgehalten und beerdigt, doch bald wurden die Rufe nach einer Kapelle lauter. 1710 wurde dafür im gesamten Kurfürstentum Hannover gesammelt, neben Éleónore spendeten auch die katholischen und refomierten Gemeinden, die sich so der Zusicherung erfreuen konnten, gegen einen weiteren Obulus ihre Armen auf dem neuen Friedhof bestatten zu dürfen. Schließlich wurde auch eine Friedhofskapelle aus Fachwerk errichtet, die 1751 zur Kirche erweitert und als „Parochie in den „Neuen Häusern“ eingerichtet wurde. In der „Neuenhäuser Kirche“ sind zwölf Apostelfiguren, ein Kruzifix und der Kanzelkorpus aus der urspünglichen Kapelle heute noch zu sehen. In der Zeit zwischen 1864–66 wurde die alte Fachwerkkirche durch einen neugotischen Backsteinbau ersetzt, die Bauleitung hatte der Architekt Otto Haesler inne. Zu finden sind darin Schnitzereien des Lindauer Künstlers Hubert Distler.
Der immer wieder erweiterte und heute denkmalgeschützte „Neuenhäuser Friedhof“ weist eine ganz besondere Form neuzeitlicher deutscher Begräbniskultur auf, das so genannte Adelsfeld. Es bekam seinen Namen von den „Hübschen“, also den „Höfischen“, wie die Adeligen in Celle auch später noch genannt und welche hier teilweise bestattet wurden. Es besteht aus über hundertsechzig gemauerten Gruften aus dem 18. und 19. Jahrhundert, die weitestgehend streng rasterartig direkt nebeneinander angelegt wurden. Die Grabkammern sind im Durchschnitt raumhoch (2,70 Meter) und mit liegenden Sandsteinplatten abgedeckt. Doch nicht nur der Celler und Hannoveraner Adel, auch Vertreter des Staatspatriziats, betuchte Bürgerliche der Celler Oberschicht und vor allem die Neuenhäuser Bürger der Barockzeit, ebenso Hofbeamte, kirchliche Würdenträger und hohe Militärs kauften sich ein und fanden hier ihre letzte Ruhestätte. Die Platten sind versehen mit vielerlei Informationen über den/die Bestatteten wie Namen und Daten, Ornamenten und verschiedenen Ziermotiven, Lebensweisheiten, Bibelsprüchen oder Wappen, jeweils als Flachrelief in den Stein gemeißelt. Diese größte geschlossene Plattengräberanlage ist einzigartig in Norddeutschland, doch auch auf dem Friedhof am Harburger Berg sind vor allem am Mittelgang entlang des stadtauswärts rechts liegenden Teils einige Platten zu sehen.
Im Jahr 2008 wurden vom Bund aus dem Sonderprogramm Denkmalschutz 20.000 Euro für den Erhalt der Platten im Neuenhäusen zur Verfügung gestellt. Doch trotz aller Restaurierung sind die Grabinschriften teils schwer zu entziffern. Trotzdem sollten Sie einen Besuch erwägen. Auch der alte Brunnen mit Schwengelpumpe ist sehenswert.

Standort und Navigation: Friedhof Neuenhäusen | Celle, Kirchstraße

79 Skulpturen 5

Kunst im Stadtgebiet

Fünfte Runde Kunst im öffentlichen Raum in Celle:
„Spektrales Mikado" heißt eine bunte Plastik des Holzbildhauers Joerg Schulze (Jahrgang 1959), zu sehen auf dem Ausstellungsgelände der Firma Haacke in Westercelle und bestehend aus drei Balken in rot, gelb und blau. Die „Play-Art"-Skulptur war eine Auftragsarbeit zum 120-jährigen Firmenjubiläum. Das Leitmotiv der Firma, „Bauen im Einklang mit der Natur", gab Schulze die Inspiration zu einer spielerischen Verbindung von Natur und Kunst. Das Holzmaterial stammt von Eichen, die im Sommer 1997 einem Sturm in der Lüneburger Heide zum Opfer gefallen waren.
Ein „Tirailleur" ist ein kämpfender Schütze der Infanterie mit einer besonderen Kampftaktik, welche den Gegner durch Beschuss aus der Ruhe zu bringen soll. In Celle ist dies der Name eines 1997 entstandenen kinetischen Kunstwerkes des Metallbildhauers Jörg-Tilmann Hinz, welches friedlich in Altencelle auf dem Firmengelände der Firma Moeck steht. Hinz, geboren 1947 in Halberstadt, ist ausgebildeter Goldschmied, studierte an der Kunsthochschule Burg Giebichenstein und lebt auf einem denkmalgeschützten Hof bei Halle an der Saale.
Der Bildhauer Peter Steyer (1927 bis 2009) ist der Schöpfer der Plastik „Bockspringer", zu sehen vor dem Schulzentrum an der Burgstraße. Sie zeigt zwei übereinander springende Knaben in der vom Künstler stets bevorzugten naturalistischen Darstellung, welche die Figuren einfach nur möglichst unverfälscht wiedergibt. Steyer studierte an der Akademie der bildenden Künste in Wien und war Meisterschüler an der Hochschule für bildende Künste in Berlin. In den fünfziger Jahren nahm er an Ausgrabungen in der Türkei teil und blieb in Istanbul wohnen, bis er sich 1965 im Schwarzwald niederließ. Bekannt wurde Speyer u. a. als Porträtist von Hermann Hesse (Büste 1989, Hermann-Hesse-Museum Calw).
Die „Reiher" von Walter Wadephul stehen in einem Schulhof in der Straße „Am Reiherpfahl". Die Namensgebung der Straße und die Skulptur selbst weisen auf den im siebzehnten Jahrhundert von Herzog Christian Ludwig aufgestellten Reiherpfahl, der seitdem an eine erfolgreiche Reiherbeize mit Edelfalken erinnert. Der Bildhauer Walter Wadephul (geb. 1901 in Anklam/Pommern, gest. 1968), schuf mehrere bekannte Skulpturen, beispielsweise 1932 eine Gerhart-Hauptmann-Büste als Auftragsarbeit der Stadt Breslau oder 1955 die Bronzebüste des Bremer Automobil-Industriellen Borgward sowie diverse Kinder- und Tierplastiken, einige davon sind im öffentlichen Raum in Bremen zu sehen. Auch eine Pferdeplastik in Paris stammt aus seiner Werkstatt.
Der Celler Autor und Künstler Dietrich Klatt (Jg. 1935) schuf zusammen mit Mitgliedern der Jugendwerkstatt Celle die Figur „Januskopf", zu sehen im Stadtteil Altenhagen. Klatt studierte an der Hochschule für bildende Künste in Hamburg sowie an der Werkkunstsschule in Hannover. Er ist Kulturpreisträger der Stadt Celle und bekam im Juli 2012 das Verdienstkreuz des Verdienstordens der Bundesrepublik Deutschland verliehen. Die Stadt würdigte damit sein über dreißig Jahre währendes Engagement in Sachen Kunst, Architektur, Geschichte, Fotografie und Kunstpflege.

Spektrales Mikado: Westercelle | Celle, Am Ohlhorstberge 3
Tirailleur Altencelle | Celle, Lückenweg 3 (Moeck)
Bockspringer Blumlage | Celle, Burgstraße 21
Reiher Altenhagen | Celle, Am Reiherpfahl 14 (Albrecht-Thaer-Schule Celle)
Januskopf Altenhagen | Celle, Lachtehäuser Str. 26 (Jugendwerkstatt Celle)

80 Das Kino achteinhalb

Programmkino auf 90 Quadratmetern

„Otto e mezzo" (achteinhalb) ist der Originaltitel eines italienischen Kinofilms von Federico Fellini aus dem Jahr 1963. Der Film handelt von den Kümmernissen eines Filmregisseurs, der, bar aller Ideen, in eine Kur flüchtet. Doch er entkommt all denen nicht, vor denen er sich gerade verstecken möchte: Drehbuchautor, Produzent, Frau und Geliebte. Trotz Schaffenskrise läuft die Produktion seines neuen Filmes an. Doch die Verwirrungen lassen ihn in Tagträume abschweifen, Realität und Traum sind bald nicht mehr voneinander zu unterscheiden und so weiter und so fort. Jedenfalls ist der Film samt Titel seit langem Kult und so brauchen wir uns auch nicht darüber zu wundern, dass sich ein Celler Kino den Filmtitel als Namen gewählt hat und damit – gewollt oder nicht – zeigt: Wir sind anders, wir sind gut, wir sind besonders. Und das mit Recht!
Seit Mitte der Neunziger gehört das Kino achteinhalb zum festen Kulturangebot der Stadt und kann von sich behaupten, mit Beharrlichkeit und gutem Geschmack mehr Kino als nur gängigen Mainstream zu präsentieren und ein gutes Gegengewicht zum „commercial film" zu zeigen. Das Programm ist ungewöhnlich, sechs Landesfilmprogrammpreise dokumentieren das, ebenso wie die Räume oder das System. Das Kino war zunächst erst einmal reine Improvisation: Der Beginn wurde sinnig auf 20.30 Uhr gelegt, der Eintritt betrug damals noch 8 Mark 50. Die eine Hälfte der Karten ist reservierbar, die andere an der Abendkasse im freien Verkauf zu bekommen. Das „Achteinhalb" befindet sich im Gebäude 11 im hintersten Winkel auf dem Gelände der CD-Kaserne, einer der vielen Hinterlassenschaften aus Celles Zeit als Garnisonsstandort. Über eine hohe und unübersehbare Metalltreppe und durch eine dicke Eisentür gelangt man in den Saal. Der Vorführraum misst etwa 13 mal 7 Meter und bietet Platz auf rotem Plüsch und für Zuspätkommer letzte Sitzmöglichkeiten notfalls und im wahrsten Sinne des Wortes auch in der „Holzklasse". An einer Theke gibt es Getränke sowie Snacks, Süßes oder Nüsse. Dann heißt es „Licht aus" und aus dem Vorführraum knattern plötzlich die vertrauten Geräusche alter Filmrollen. Doch auch hier wird bald digitalisiert. Das Angebot, ob knatternd oder digital, ist erlesen und fein, übrigens unterbricht man die Vorführungen – noch – mit charakteristischer und in der BRD ziemlich einmaliger Pause, die dem Publikum eine Viertelstunde Zeit für regen Austausch schenkt. Hier sehen Sie also nach bester Kunstkinomanier Filme, die anders sind und gemeinhin mit Attributen wie künstlerisch wertvoll, anspruchsvoll und unabhängig umschrieben werden. Hier regiert nicht die Vorgabe der Filmverleiher, sondern die Qualität.
Viele Programmkinos in Europa sind privatwirtschaftlich organisiert oder, wie im Fall des „Achteinhalb" in Celle, als Verein geführt. Cineastisches Vergnügen auf hohem Niveau hin oder her, der Euro muss trotzdem rollen. Es ginge nicht ohne viele Ehrenamtliche, die gern den jährlichen Vereinsbeitrag berappen und dafür zum einen freien Eintritt erhalten, aber zum anderen des Abends auch mal Kostüm oder Anzug, Blaumann oder weißen Kittel ablegen und den täglichen Arbeitsplatz gegen die Vorführkammer tauschen – Weinausschank vor Ort inklusive. Welcome to Arthouse!

Weitere Infos, Reservierungen, Zeiten und Eintritt: www.kino-achteinhalb.de
Reservierungen sind bis 15 Uhr am Tag der Vorstellung möglich:
kino-achteinhalb@gmx.de ; Vorstellungen montags bis donnerstags, 19.30 oder 20 Uhr, freitags und samstags 20.30 Uhr; Eintritt; wenn nicht anders angegeben, 5€.
Standort und Navigation: Westercelle, Gelände der CD-Kaserne | Celle, Hannoversche Straße 30 e, ganz hinten links

81 Celler „Löwenfutter“

Feines Erbe von der Schlachtertheke

Man mag glauben, dass die hiesige Spezialität bis auf den Welfen Heinrich den Löwen zurückzuführen sei, doch so ist es leider nicht. Die „Rohe Roulade“, hier allerorts auch liebevoll „Löwenfutter“ genannt, ist vergleichsweise noch jung und tauchte vermutlich kurz vor dem Zweiten Wetlkrieg erstmals in Celle an einer Metzgertheke auf und zwar entweder beim Schlachtermeister Bartels, seinerzeit „Am Markt“ ansässig, oder bei einem Schlachter aus Brökel, der die Roulade angeblich nur mit Salz und Pfeffer gewürzt an seine Angestellten ausgab. Egal, welcher von Beiden sich der Erfindung rühmen darf: In den fünfziger Jahren wurde die Spezialität schließlich vom örtlichen Gastronomen Krohne entdeckt, der sie in seinem Gasthaus in der Blumlage kurzerhand auf die Speisekarte setzte. Seitdem kulinarischer Kult, wird die „Celler Rohe Roulade“ in einigen Speiselokalen angeboten und ist längst über die Stadtgrenzen hinaus zur einer leckeren Berühmheit geworden. Das Gericht hat Freunde auf der ganzen Welt gefunden – unbekannte wie berühmte Genießer, zum Beispiel den italienischen Schauspieler Bud Spencer. Doch zu essen gibt es sie eben nur in Celle! Und da streiten sich die geschmacklichen Geister immer noch darüber, wie man sie standesgemäß zu sich nimmt. Mit gebutterten Scheiben Schwarzbrot oder doch lieber einer ordentlichen Portion Bratkartoffeln?

Vor einiger Zeit veranstalteten Vertreter von Presse, Tourismus und Schützenvereinen ein Testessen. Die Jury bewertete mit einem festgelegten Punktesystem Optik, Qualität des Fleisches, Füllung, Würze, Beilagen, Wickelart und passendes Schneidewerkzeug. Es siegte bei diesen Testessern die Roulade der „Bier-Akademie“. Doch auch die anderen Gaststätten müssen einen Vergleich nicht scheuen! Das Celler Löwenfutter schmeckt überall sehr gut und viele schwören ebenso auf die Roulade im „Blauen Engel“, „Schattauer“ oder in „Thaers Wirtshaus“. Testen Sie es doch einfach einmal selbst aus, welche Roulade „Ihr“ ganz persönliches Lieblings-Löwenfutter wird! Und hier ist das Rezept zum Ausprobieren!

Sie benötigen für vier Rouladen: vier sehr gut abgehangene, etwa einen halben Zentimeter dick geschnittene rohe Rindfleischscheiben allerbester Qualität, zum Beispiel Roastfbeef. Dazu cirka zwei Esslöffel Senf, zwei Zwiebeln in dünne Stücke längs geschnitten, acht Scheiben hauchdünn geschnittenen und geräucherten (fetten) Speck, vier saure Gurken in schmale, längliche Streifen geschnitten, je vier Prisen einer Mischung aus Rouladen-Gewürzmischung, Salz und groben Pfeffer. Für's Anrichten benötigen Sie zusätzlich saure Gurken, frische grüne Salatblättchen und Zwiebelringe. Und so geht's: Rindfleischscheiben platt klopfen und trocken tupfen, mit Senf bestreichen und mit der Gewürzmischung, Salz und Pfeffer kräftig würzen. Darauf legen Sie jeweils zwei Scheiben fetten Speck, dann einige Zwiebelringe und schließlich die Gewürzgurkenstreifen. Jetzt müssen Sie die Rouladen stramm aufrollen und zwei Stunden im Kühlschrank ziehen lassen. Richten Sie die Rouladen anschließend auf rustikalen Holzbrettchen an – mit jeweils einer dicken sauren Gurke extra, einigen Zwiebelringen und grünen Salatblättchen. Dazu reichen Sie Brot und Butter oder Bratkartoffeln. Guten Appetit!

Standorte und Navigationen von derzeitigen Anbietern:
Bier-Akademie Innenstadt | Celle, Weisser Wall 6
Thaers Wirtshaus Innenstadt | Celle, Thaerplatz 1
Schattauer Hehlentor | Celle, Lüneburger Straße 22
Zum Blauen Engel Altstadt | Celle, Kleiner Plan 7

82 Der künstlerische Nachlass von C. Ferdinand Hartzer

Portraitbildhauer und Sohn der Stadt

Im Stadtteil Hehlentor ist eine Straße nach ihm benannt, Menschen, die von Südwesten den Weg in die Altstadt suchen, wissen auch weshalb. Weit sichtbar steht am gleichnamigen Platz das Albrecht-Thaer-Denkmal, welches der Bildhauer Carl Ferdinand Hartzer 1873 geschaffen hat und dem „Begründer des wissenschaftlichen Landbaus" gewidmet ist.

Von Hartzers künstlerischen Fertigkeiten zeugen ebenso das Relief des Museumsgründers Bomann am Museum sowie verschiedene Statuen auf dem alten Bürgerfriedhof im Hehlentor. Das Museums-Depot (siehe auch S. 40) hat zudem unzählige Objekte des Celler Künstlers magaziniert. Doch es gibt noch mehr vom ihm zu sehen, wenngleich nicht unbedingt in Celle, wie beispielsweise die Bronzebüsten des preußischen Kulturpolitikers Friedrich Althoff und des Chirurgen Franz König an der Berliner Charité, die Klio-Statue in Berlin, das Gauß-Weber-Denkmal und das Standbild des Chemikers Friedrich Wöhler in Göttingen oder das Bernward-von-Hildesheim-Denkmal in Hildesheim. Das gesamte Werk Hartzers umfasst unzählige Standbilder, Reliefs, Bildnisbüsten und -reliefs sowie Genre- und Idealfiguren wie Kriegerdenkmale und Grabskulpturen. Vornehmlich sind diese in Berlin und Potsdam, Göttingen, Hildesheim, Kassel, Hamburg, Hannover und Umgebung zu sehen.

Der deutsche Bildhauer Carl Ferdinand Hartzer wurde im Juni 1838 in Celle als Sohn des Kanzlisten (Schreiber) am Oberappellationsgericht Christian August Hartzer und seiner Gemahlin Karoline Luise Marie Callin geboren. Er besuchte die Bürgerschule in Celle, zeigte dort bereits früh seine Begabungen und galt rasch als bester Zeichner der Schule. Gefördert von dem Kaufmann Karl Georg Schultz und später auch vom welfischen Königshaus und zur Pension bei zwei Onkeln (einer war der Bildhauer, Hofvergolder und Mitbegründer des Hannoverschen Künstlervereins, August Hengst), einquartiert, begann er seine berufliche Laufbahn zunächst als Lehrling in dessen Obhut. Anschließend studierte Hartzer am Polytechnikum in Hannover, später auch von der Akademie der Bildenden Künste in München. Nach mehreren Studien- und Wanderjahren mit Aufenthalten in Nürnberg, Dresden und Italien ließ er sich 1869 in Berlin nieder, das ihm schnell zur zweiten Heimat wurde. Sein Schwerpunkt waren Portraitdarstellungen aller Art, auffallend ist die Anzahl der von Hartzer geschaffenen Büsten und Reliefs von Gelehrten und Professoren an Universitäten.

Hartzer war Mitglied der „Preußischen Landeskunstkommission" und bis zum Tode auch im „Verein Berliner Künstler". Er bekam die Ehrendoktorwürde der Universität Göttingen ebenso verliehen wie einen preußischen Professorentitel und die Ehrenbürgerschaft der Stadt Celle.

Hartzer verstarb im Oktober 1906 (ohne Nachkommenschaft) in Berlin. Er fand auf dem Hehlentorfriedhof in Celle seine letzte Ruhe.

Standorte und Navigationen:
Albrecht-Thaer-Denkmal Innenstadt | Celle, Thaerplatz
Bomann-Museum Innenstadt | Celle, Schlossplatz
Depot Innenstadt | Celle, Mühlenstraße 14
Grabmale Hehlentor alter Bürgerfriedhof | Celle, Harburger Straße

83 Die Messermacher-Werkstatt

Alte Handwerkskunst in der Neustadt

Ein Messermacher ist ein Mensch, der Messer macht. Logisch. Leider heißt jemand, der Messer macht, aber heutzutage meist nicht mehr Messermacher, sondern Schneidwarenmechaniker und muss industrielle Schneidemaschinen schärfen oder verkaufen. Aber einige nennen sich immer noch Messermacher und tun selbiges auch. Einen davon gibt es hier in Celle.

Von der Messermacher-Werkstatt in der Neustadt erwartet man vielleicht einiges, aber nicht, dass man beim Eintreten mit klassischer Musik empfangen wird. Überrascht blickt man sich erst einmal um. Doch, ja, hier wird richtig handwerklich gearbeitet. Das Grundmaterial dafür ist Messerstahl. Angeliefert wird es in Meterlängen aus Deutschland, Japan oder den USA – mit einer weltweit genormten Dicke zwischen einem und 6,5 mm. Eine gute Qualität besteht unter anderem aus Molybdän (bleiartiges Element), Vanadium (bläulich-graues weiches Metall), Chrom und Silicium. Solche Ware hat ihren Preis: Etwa 300 Euro kostet das Kilo. Und wenn die Import-Kontingente auf Stahl überschritten sind, werden auch schon mal zwanzig Prozent zusätzlich draufgeschlagen.

Doch bis aus einem Stück Stahl ein schönes Messer wird, ist viel zu tun. Erst fertigt der Messermacher einen Entwurf der Klinge aus Papier – zu beachten ist beispielsweise, dass die Schneidfläche immer einen geraden Anteil hat, damit man später damit gut arbeiten kann. Er sagt dazu, sie müsse „legal passend" gemacht werden. Den Entwurf überträgt er auf ein Stahlstück und schneidet das aus. Es folgt das Schleifen zur Schneide runter auf 0,2 mm. Nach dem Schleifen kommt die Klinge zum Härten in eine Vakuumhärterei, bevor sie, von dort zurück, mit Polierpaste und -scheibe auf Hochglanz gebracht wird. Nun wird das Neusilber (Abschluss zwischen Griff und Klinge) bearbeitet, dann gehts an den Messergriff, der aus stabilisiertem Holz geformt wird. Diesem wird vorweg Luft entzogen und flüssiges Plexiglas zugefügt, was für Härte zum einen und Versiegelung gegen Feuchtigkeit zum anderen sorgt. Für den Celler Messermacher macht das eine dänische Firma. Die von ihm ausgewählten Holzstücke, zum Beispiel Nussbaum, schickt er zur Behandlung dorthin. Zum Schluss wird die Klinge im Griff mit Epoxidharz befestigt. Fertig ist ein Stück von edler alter Handwerkskunst!

Die Messer der Werkstatt Ubechel kosten je nach Größe und verwendeter Stahlqualität zwischen 150 und 400 Euro. Nach Wunsch tragen sie das Logo der Werkstatt: den keltischen Sonnenreiter.

Wussten Sie übrigens, dass Messer nicht in die Geschirrspülmaschine gehören, da sie dadurch ihre Schärfe und Schnitthaltigkeit verlieren?

Öffnungszeiten: montags bis freitags 9 – 13 Uhr, nachmittags und am Wochenende nach telefonischer Vereinbarung: (0 51 41) 9 93 72 73 oder (01 76) 52 72 30 02
Standort und Navigation: Neustadt | Celle, Neustadt 8

84 Flüsse für die Seele

Entlang an Aller, Fuhse und Lachte

„Ise, Lachte, Örtze, Böhme sind der Aller ihre Söhne; Oker, Fuhse und die Leine sind der Aller ihre Beine", so lernte es früher manches Kind in der Schule. Heimatkunde – in einem Satz auf den Punkt gebracht, so einfach kann Lernen auch sein: Die „Söhne" münden jeweils rechtsseitig und die „Beine" linksseitig, also dem Harz zugewandt, in die Aller. Leider verbleibt es meist beim Lernen der Flussnamen, Exkursionen zu selbigen finden eher selten statt, die Schönheit der Flusslandschaften bleibt oft unerkannt und unentdeckt. Dabei haben die Flüsse Aller, Fuhse und Lachte die Stadt Celle ganz besonders geprägt. Hiervon zeugen heute noch Mühlen, Wehre, Brücken und Stege, Anleger und Bootshäuser. Die Flüsse und die dazugehörigen Niederungen, Auen und Wiesen dienen heute vor allem dem Wassersport, Wissen über die Wasserläufe ist unbekannt. Daher mal an dieser Stelle einige Fakten!

Die Aller, 260 Kilometer lang, entspringt in Sachsen-Anhalt bei Seehausen (Nähe Oschersleben) und mündet bei Verden in die Weser. Zum Celler Stadtgebiet zählt sie etwa ab Bockelskamp (bei Wienhausen) bis hinter Boye und gleitet dann allmählich über ins malerische Aller-Leine-Tal, das sich nordwestwärts über 360 Kilometer verwunschen und verschlungen durch Wälder, Wiesen und Moore erstreckt. 100 Kilometer davon sind als Radweg ausgewiesen.

Die 98 Kilometer lange Fuhse entspringt bei Groß Flöthe im Landkreis Wolfenbüttel, ab etwa nördlich von Nienhagen fließt sie durchs Cellerland und Celle, sie mündet hinter der Straße Texas (Neustadt) in die Aller. Immer an der Fuhse entlang durch die Stadt, das zeigt interessante neue Einsichten, vor allem in Gärten. Oder mögen Sie lieber Kanutouren? Hier kommen Individualisten auf ihre Kosten, die abseits der allseits bekannten Wasserwege auf Entdeckungstour gehen wollen.

Die Lachte, 38 Kilometer lang, entspringt im Landkreis Gifhorn zwischen Sprakensehl und Lüsche. In der „Sprache", dem Waldgebiet zwischen Celle und Lachendorf, passiert sie die Stadtgrenze und mündet bei Lachtehausen ebenfalls in die Aller.

Die Flüsse speisen gemeinschaftlich die Wasserkanäle in der Innenstadt, wie den Stadt- und Magnusgraben (Reste des ehemals viel breiteren Stadtgrabens; heute Mühlenstraße, Westcellertorstraße, Nord- und Südwall) sowie die unzähligen, teils winzigen Bachläufe, die das Stadtgebiet durchfließen wie den Habeland-, Vorwerker- und Försterbach, den Fuhse- und Altenhägener Kanal oder den Horstgraben.

Ob also zu Fuß unterwegs oder mit Pferden, Fahrrädern, Inlinern, Booten oder Kanus, als Angler oder Sonnenanbeter, an und auf den Flüssen Celles kann man die Seele baumeln lassen. Sommerliches Vergnügen für die ganze Familie? Stimmungsvolles Abendambiente mit Lagerfeuer und Grillen am Allerstrand? Den Jakobsweg, der teils an Celles Wasserwegen entlanggeht, erwandern? Organisierte Ausritte hoch zu Pferd teils entlang der Lachte? Alles möglich. Die Flüsse sind übrigens auch ein wunderbares Anglerparadies, dort finden Sie Fischarten von Aal bis Zander...

Standorte und Navigation in Celle (Auswahl):

Bootsverleih:
Allerleih | Celle, Fritzenwiese 49, Telefon (0 51 41) 9 93 92 16
Kanuverleih am Allerhorn | Celle, Hafenstraße 2A, Telefon (01 77) 3 69 61 12

Angelbedarf und Gastkarten:
Angler-Steg | Celle, Braunschweiger Heerstraße 59
Blumlage 85, Telefon (0 51 41) 21 47 26
City-Angelmarkt | Celle, Bahnhofstraße 29, Telefon (0 51 41) 4 36 60

Park & Ride (Pferde):
Ferienhof Knoop | Celle, Lachtehäuser Straße 28, Telefon (0 51 41) 93 04 02
Reit- und Fahrverein Herzogstadt | Celle, Dorfstraße 7, Telefon (0 51 41) 5 25 95
Müller's Waldcafé | Celle, Unter den Eichen 14, Telefon (0 50 86) 3 70

85 Die Zeichnungen im Landgestüt

Lagerinsasse Jószi, August 1945

In der dunkelsten Zeit des zwanzigsten Jahrhunderts blieb auch das Landgestüt nicht vor Elend verschont. Zum einem wurden in der damals noch in Westercelle gelegenen und dem Landgestüt zugehörigen Hengstprüfungsanstalt, 1975 nach Adelheidsdorf verlegt, die Remonten (Jungpferde in der Grundausbildung) speziell für Kriegszwecke ausgebildet. Zum anderen diente das Landgestüt wie Kasernen und Schulen nach Kriegsende als Lager für DPs, „displaced persons", zivile Menschen, viele jüdischen Glaubens und/oder osteuropäischer Herkunft, befreite Deportierte aus KZs, Zwangsarbeiter, Vertriebene, Flüchtlinge und viele weitere, wie Bombengeschädigte oder Durchreisende. Sie fanden hier eine neue Unterkunft. Die meisten von ihnen waren während des Zweiten Weltkrieges fern der Heimat interniert und zwangsverpflichtet gewesen und warteten nun unter britischer Aufsicht darauf, zurückkehren oder auswandern zu dürfen oder wenigstens vor Ort ein Privatquartier zugewiesen zu bekommen.

Ein Umstand, der allmählich in Vergessenheit geraten könnte, wären da nicht heute immer noch einige Spuren zu sehen, die an jene düstere Zeitepoche erinnern. In der Gestütsscheune (heute Geschirrkammer) des Landgestüts sind an den Wänden einige Bleistiftzeichnungen zu sehen, mit denen sich im August 1945 ein Lagerinsasse verewigt hat. Möglicherweise war er Ungar, die Bildbeschreibungen und das Kürzel „Jószi" bei den Zeichungen lassen den Schluss zu. Eine Signatur könnte auf den Namen „Rosenberg, J." hindeuten. Manche Motive weisen Landschaften mit Seen, Bergen, Vögeln und Wolken vor, andere zeigen mit Pfeil auf den möglichen Künstler im Profil und zum anderen auf „Klari", eine junge Frau. Eine weitere Zeichnung zeigt ein brennendes Flugzeug im Sturzflug, von Jagdfliegern umkreist und geradewegs auf ein Schiff zusteuernd. Eine Zeichnung stellt einen tropfenden Phallus dar mit dem Hinweis „LEÁNY ÁLON". Eine Anlehnung ans Ungarische: „LANY" heisst Mädchen und „ALOM" Traum, es könnte also „Traummädchen" oder Ähnliches bedeuten. Darunter ist eine fast unbekleidete Frauenfigur gezeichnet, eine Sprechblase umfasst die ungarischen Worte „EZ KELL NEKEM" (Deutung: diese brauche ich). Daneben wurden ein britisches Emblem mit der Aufschrift „UNGARN TO ANGLIS BARAT" und ein weiterer Mann gezeichnet. Ein weiterer Schriftzug lautet: HUNGARIAN SCOUTS KEEP OUT.

Niedersachsen nahm bis 1950 1,8 Millionen Menschen auf, die Bevölkerungszahl Celles hatte sich seit 1939 verdoppelt. Über 27.000 Menschen kamen damals hierher und in die nähere Umgebung, wo die größten DP-Lager des Landes entstanden waren. Sie lebten hier teils jahrelang und von der Bevölkerung beileibe nicht wohl gelitten, sondern mussten eher offene Ablehnung erdulden. Dennoch entwickelte sich die Stadt in der Zeit sozusagen zum „jüdischen Hotspot" innerhalb der britsch besetzten Zone. Auf einer im Juli 1945 veröffentlichten Liste Überlebender in Celle sind einige Personen mit passenden Namen zu finden, einer von ihnen könnte Jószi gewesen sein, auch eine Klari ist vermerkt. Es wird jedoch wohl für immer ein Geheimnis blieben, wer letztlich hinter den „Graffiti" im Landgestüt steckt.

Veitere Infos: landgestuetcelle.de
esichtigungszeiten auf Nachfrage montags bis freitags 8.30 – 17.00 Uhr,
amstags 8.30 – 11.30 Uhr, Telefon (0 51 41) 9 29 40
tandort und Navigation: Neuenhäusen | Spörckenstraße 10, 29221 Celle

86 Café Kiess

Kaffeehausfeeling anno 1927

Es wird nicht ganz einfach sein, aber versuchen Sie es trotzdem einmal, einen Platz im ersten Stock zu ergattern, direkt am Fenster und mit Blick auf die Fachwerkhäuser rings um den Platz, welcher sich Ihnen hier mit dieser großartigen Kulisse bietet. Und wenn Sie es tatsächlich geschafft haben sollten, werden Sie feststellen, dass Sie dort nur sehr aufrecht und wenig bequem sitzen können, denn die Bänke mit den hohen Lehnen sind eng und die Tische schmal, ungefähr so wie in einem Speisewagenzugabteil zur Gründerzeit. Genau dann jedoch sitzen Sie auf einem der begehrtesten Plätze in der Stadt – im Café Kiess am Großen Plan.

Als der junge Architekt Otto Haesler (dessen Arbeiten in Celle an jeder Ecke zu sehen sind) in den zwanziger Jahren des letzten Jahrhunderts den Auftrag bekam, die in einem Fachwerkhaus untergebrachte Baumkuchenfabrik am „Großen Plan" samt dem Nebengebäude zu vereinen und beide Häuser zu einem stilvollen, modernen Caféhaus mit Eleganz und gepflegter Atmosphäre umzugestalten, hatte er eine ziemlich heikle Aufgabe vor sich: außen Tradition, innen Innovation. Er machte sich daher nicht nur als Architekt, sondern gleichzeitig auch als Innenausstatter mit viel know how und Feingefühl ans Werk. Heraus kam dabei ein Café im „Bauhaus"-Stil, damals gerade unter Künstlern total hip. Der Begriff „Bauhaus" war bereits Synonym für eine neue Architektur weg von handwerklicher Tradition hin zu einer Lehre der „reinen Formen" in Anlehnung an schlichte Industriebauten. Daraus bildete sich die Stilrichtung „Neues Bauen", welche eine Reduktion aller Bauteile auf ihre geometrischen Grundformen pries sowie Funktionalität und Variabilität anstrebte.

Haesler, bedeutender Vertreter der Richtung „Neues Bauen" (Siehe auch S. 48), ließ für die Inneneinrichtung des Cafés zum einen schwarze Wandpaneelen einziehen, zum anderen „Sitz-Abteile" genau in der Breite der Fenster bauen. Die gepolsterten Lehnen und Bänke bekamen einen weinroten Samtbezug, damit kombinierte er die weltbekannten Thonet-Kaffeehausstühle, Marmortische und sicherlich fehlte auch nicht die berühmte Lampe „WG24" des Bremer Kollegen Wilhelm Wagenfeld, Bauhaus-Schüler und Pionier deutscher Industriekultur.

„Kiess" ist wohl das älteste Café in Celle und hat seitdem manche Stilepoche durchlaufen. Der „Bauhaus-Look" war aus den Caféräumen längst verschwunden, als neue Besitzer vor einigen Jahren entdeckten, was für ein innenarchitektonisches Schätzchen sich da unter Plüsch und Patina versteckt hielt. Anhand alter Fotos konnten sie großteils den Zustand von 1927 wiederherstellen, die Schränke hinter der Kuchentheke sind sogar noch Originale aus dem Baujahr.

Im Erdgeschoss erinnert heute eine kleine Dauerausstellung an den einstigen „Innendesigner" der Räume. Übrigens: Die Kuchenrezepte sollen teilweise genau so alt sein wie das Café selbst.

Öffnungszeiten: montags bis freitags 6.30 – 18 Uhr, samstags 6.30 – 13 Uhr, sonntags geschlossen
Standort und Navigation: Altstadt | Celle, Großer Plan 16

87 Der Garten in der Emigrantenstraße

Blumenkohl und Kirschenbaum, wächst in unserem Garten…

Eigentlich kamen sie genau zur rechten Zeit: Der Dreißigjährige Krieg hatte Deutschland verwüstet und entvölkert, neue Siedler waren grundsätzlich willkommen. Mit den französischen Adelsflüchtlingen kamen im 17. Jahrhundert auch einfachere Bürger und Handwerker nach Celle, wie Lein- und Seidenweber, Flanell- und Perückenmacher, Strumpfwirker, Hut- oder Handschuhmacher, Uhrmacher, Köche und Konditoren und mit ihnen nicht nur Kleidung mit Knöpfen, Strümpfen und Glacé-Handschuhen, sondern auch eine völlig neue Garten- und damit Esskultur. Sie brachten Blumen in allen Farben und Formen mit, das weiße Brot, Torten und vor allem neue Gemüse- und Obstsorten, wie Sellerie und Blumenkohl, Schwarzwurzeln, Spargel, Artischocken, Erbsen, Bohnen, Gurken, Maronen, Zitrusfrüchte, Ananas, Birnen, Reineclode und Mirabellen, Champignons sowie vielerlei bunte Salatsorten und Küchenkräuter. Nahrungsmittel, die zu jener Zeit hierzulande unbekannt waren, hielten auf einmal Einzug in Küchen und Speisekammern. Die Kartoffel, als Nahrungsmittel von den meisten Leuten noch verschmäht, von den Franzosen jedoch längst als gesunder Sattmacher und besonders variable und genussvolle Beilage erkannt, wurde plötzlich küchen- und damit salonfähig und auf einmal aß man auch in Celle pommes de terre mit mayonnaise und ragout – und zum Nachtisch compote des fruits. Kinder ließen sich bonbons ebenso schmecken wie biscuits oder une boulette. Die Liste der längst eingedeutschten Begriffe aus der ursprünglich französischen Sprache ist nicht nur für Essensbezeichnungen lang – viele Wörter sind uns seitdem vertraut, beginnend mit Allee, Armee, Atelier und bis zu Turnier, Trottoir, Veteran und Vitrine…

Für ihre feine Küche ließen sich die Celler „Réfugiés“ nicht nur Saatgut, Setzlinge und Bäume aus ihrer Heimat anliefern, sondern sie bauten Treibhäuser und legten Frühbeete an. Einige neue Straßenzüge entstanden durch die notwendige Stadterweiterung in der „Westceller Vorstadt“.

Die ganz große Stadterweiterung scheiterte mangels Geld, doch die Straßennamen zeugen heute noch von jener Zeit, als in den Gärten Celles plötzlich Erbsen, Kirschen und Melonen wuchsen. Mancher ist noch in den ursprünglich angelegten Grundstücksgrenzen erhalten. Einer davon ist in der Emigrantenstraße zu sehen. Die heutigen Nutzer, unter ihnen Änne Bokelmann, öffnen allzu gerne ihre Tore, zum Beispiel im Rahmen der Aktion „Offene Pforte“. Sie erzählt den Besuchern dann von „Pflanzen mit Geschichte“. In ihrem Garten wachsen heute Schneeglöckchen und Krokusse, Heide, Ilex und Flieder und zu jedem Pflänzlein hat sie etwas zu berichten. Die Gartenanlage ist original, die damalige Bepflanzung jedoch natürlich kaum mehr erhalten. Doch vorstellen kann man es sich, wie hier die französischen Flüchtlinge ihre Schollen beackert haben, um wenigstens eine Erinnerung an früher zu bewahren – selbst wenn es nur die cuisine française war, die ihrer Wehmut Linderung schenken konnte und wenn das Gärtnern (und Essen) die letzte Verbindung zur Heimat war.

Besichtigungen: Telefon (0 51 41) 2 81 34
Standort und Navigation: Neuenhäusen | Celle, Emigrantenstraße 4

88 Skulpturen 6

Kunst im Stadtgebiet

Sechste Runde Kunst im öffentlichen Raum in Celle:
Die „Lichtskulptur“ in der Neustadt ist das Werk des Diplom-Designers und Bildhauers Peter Schmitz, der auch an den sprechenden Laternen in der Innenstadt mitgearbeitet hat. Der 1959 in Duisburg geborene Künstler versteht den über vier Meter hohen, metallenen Laternenmann an der Königwiese als eine Art Nachtwächter, der mit seinem Licht die Wege und Wiesen sicher beleuchtet. Schmitz studiert Produktdesign, Metallgestaltung und „Historisches Kulturgut“ in Hildesheim und Holzminden.
Spielende Bären in der Heese? Ja! Die 1935 in Hannover geborene Künstlerin Ruth Bubel schuf die Bärenplastik (ursprünglich wohl ein Brunnen), die in der Ludwig-Hölty-Straße zwischen Haus Nr. 21 und 23 zu sehen ist. Die Figur entstand 1995. Bubel absolvierte eine Ausbildung zur Keramikerin, bevor sie an der Werkkunstschule in Hannover und der Metier d`Art in Paris studierte. Sie lebt und arbeitet nach mehreren Studienaufenthalten in der Türkei, in Norwegen und in Burgdorf-Ehlershausen.
Die Plastik „Torso“ stammt aus der Werkstatt der Künstlerin Gabriele Marwede, welche auch die X- und Y-Plastik in der Dörnbergstraße schuf. „Torso“ steht auf dem Schulhof des Hölty-Gymnasiums und wird von den Schülerinnen und Schülern auch gern als „Schrottmann“ bezeichnet. Obwohl aus Bronze, erinnert das Material an Ton. Die Bildhauerin, 1925 geboren, ist Mitglied des Deutschen Künstlerbundes und der Neuen Gruppe in München, einem 1946 gegründeten Zusammenschluss verschiedener bildender Künstler.
Das Bronzemodell „Flötenspieler“, ebenfalls in der Heese zu sehen, ist das Werk der 1917 in Berlin geborenen Bildhauerin und Illustratorin Ingeborg Steinohrt, die an der Werkkunstschule in Hannover und der Akademie der Bildenden Künste in München studiert hat. Die Skulptur stellt einen musizierenden Jungen dar. Die freischaffende Bildhauerin lebte und arbeitete ab 1945 in Isernhagen und starb 1994.
Die Skulptur „Ikarus“ des Berliner Künstlers Volkmar Haase steht seit 2011 auf dem Kreisel Fuhsestraße/Jägerstraße und bereichert damit die Kunst im öffentlichen Raum Celles um eine neue Arbeit. Robert Simon, Leiter des Kunstmuseums Celle, war der Initiator dafür, dass das Kunstwerk, zunächst in der hannoverschen Innenstadt aufgestellt, einen neuen, exponierteren Standort erhielt. „Ikarus“ ist eine Dauerleihgabe der Niedersächsischen Sparkassenstiftung. Der freischaffende Bildhauer Haase studierte in Berlin an der Meisterschule für das Kunsthandwerk sowie an der Hochschule für bildende Künste und arbeitet seit 1958 in Berlin.
Das jüngste Exponat in der Celler Kunstlandschaft im freien Raum ist seit 2012 auf dem Lauensteinplatz zu sehen. Die „Schnecke“ von Andreas Freyer entstand im Rahmen der hiesigen Werkstatttage 2009 und zeigt eine kunterbunte Schneckenskulptur aus zusammengeschweißten Metallteilen. Freyer, Jahrgang 1953, absolvierte seine künstlerische Ausbildung an der Burg Giebichenstein Hochschule für Kunst und Design Halle und arbeitet seit 1982 freischaffend als Metallbildhauer.

Standorte und Navigationen:
Lichtskulptur Neustadt | Celle, Ende Königswiese
Bären Heese | Celle, Ludwig-Hölty-Straße zwischen Nr. 21 und 23
Torso Heese | Celle, Ludwig-Hölty-Straße 2 (Schulhof Hölty-Gymnasium)
Flötenspieler Heese | Celle, Ende Kniprodestraße
Ikarus Neuenhäusen | Celle, Rondell Fuhsestraße Jägerstraße
Schnecke Neustadt | Celle, Lauensteinplatz

89 Das „Königlich Großbritannisch-hannoversche Collegium anatamico-chirurgicum“

Die Chirurgenschmiede von Celle

Als Hannover universitätsmedizinisch betrachtet noch tief und fest schlummerte (die Medizinische Hochschule besteht erst seit 1965), gab es in Celle bereits das „Königlich Großbritannisch-hannoversche Collegium anatamico-chirurgicum“, gegründet und geleitet von dem Arzt und Chirurgen Prof. Dr. Johann Daniel Scheller. Von ihm erbaten sich die Celler Wundheiler eine Weiterbildung in Sachen Chirurgie. Scheller gründete kurzerhand eine Lehranstalt und bereits 1788 siedelte sich diese an der Mühlenstraße (heute Amtsgericht) an. Die Ausbildung umfasste einen zweijährigen Kurs mit Vorlesungen und praktischen Übungen. Bald wurde daraus eine mit Anatomiesaal und Krankenstationen ausgestattete und rege besuchte Lehranstalt.

Seinerzeit unterschied man Medici (Leibärzte) von Chirurgi (Wundärzte). Die feinen Medici, die keine chirurgischen Eingriffe vornahmen, rümpften dabei nur allzu gern die Nase über die Kollegen mit der eher handwerklich orientierten Hochschulausbildung – sie dichteten ihnen Anrüchigkeit und den levis notae macula (schlechter Ruf) an. Chirurgi war es daher streng untersagt, „Innere Medizin“ zu betreiben. Sie wurden in drei Klassen unterteilt: Wundarzt, Barbier und Bader, beim Militär eingesetzte Chirurgi nannten sich Feldscher. Die Wundärzte durften die Wundarzneikunst im gesamten Umfang unter Vorlage des entsprechenden Uniabschlusses ausüben. Barbiere mussten erst eine Chirurgenschule absolvieren, bevor sie in beschränktem Maße medizinisch-chirurgisch arbeiten konnten. Bader durften nur sehr eingeschränkt heilkundlich tätig werden, sie waren fürs Zähneziehen, Blasenpflaster anlegen, Aderlassen, Schröpfen und Klistiere setzen zuständig. In Celle war die Schmiede für künftige Barbier-Chirurgen angesiedelt, sie lernten hier das Starstechen und Steineschneiden, Abszesse öffnen, Brüche operieren und das Amputieren.

Scheller, geboren 1758 in Verden, vefasste diverse Verzeichnisse, wie beispielsweise über „…den Arzneymittel-Apparat zum Vortrage der Materiae Medicae bey dem Collegio chirurgico zu Zelle“, „…anatomische Praeparate und Utensilien des königlichen Collegii chirurgici zu Zelle“, „…Pflanzen, welche sich im Herbario vivo bey dem Collegio chirurgico zu Zelle befinden“ oder „…chirurgische Instrumente und Bandagen des königlichen Collegii chirurgici zu Zelle“.

Das „Collegium anatamico-chirurgicum“ bestand bis 1825. Einige Jahre später bezog die Entbindungs- und Hebammenlehranstalt (siehe auch S. 18) hier ihre Räume. 1932 um Anbauten erweitert, wurde das Haus 1947 in „Niedersächsische Landesfrauenklinik Celle“ umbenannt. 1974 wurde diese aufgelöst und dem Allgemeinen Krankenhaus angegliedert. Über dem alten Eingang (Innenhof) ist heute noch eine sehr schöne Mutter-Kind-Skulptur zu sehen, die an die medizinischen Zeiten des Hauses erinnert.

Standort und Navigation: Innenstadt | Celle, Mühlenstraße 12

90 Das Quempassingen in der Stadtkirche

Weihnachtliches Brauchtum aus dem 15. Jahrhundert

Wer im Dezember nicht mehr hinhören mag, wenn einem all überall mit Dauerbeschallung von morgens bis abends, landauf und landab, aus allen Lautsprechern, Radiosendern und Ecken nur noch Jingle-bells-und-White-Christmas-Songs entgegengespielt werden (die für sich gesehen ja wunderschöne Lieder sind), dann sind die Kirchen oftmals Fluchtpunkte und vermitteln eine willkommene Stille! Wenn aber in Celle in der Stadtkirche an einem der Adventssamstage früh am Abend singende Kinder in allen Größen und aus allen vier Ecken kommend durch die geweihte Stätte ziehen, dann ist das „der Quempas", der den Frieden besingt, welcher zu jedem Winkel der Erde durchdringen soll.

Mit leuchtenden Kerzen als Symbol für die frohe Botschaft von Bethlehem und dem feierlichen Wechselgesang „Seht, die gute Zeit ist da" heben die jungen Mitglieder der Celler Kinder- und Jugendkantorei mit ihren hellen Stimmen zum ersten Rundgesang an. Dann ertönt das „Quem pastores laudavere" in der deutschen Übersetzung von Michael Prätorius: „Den die Hirten lobeten sehre". Und plötzlich ist man mittendrin in der Weihnacht. Alles ist gleichzeitig da: das Jesuskind in der Krippe, Maria und Josef, Ochs und Esel, die Hirten, Engel und Könige. Dann spürt man, wie Gedudel, Hektik und Konsumstress von einem abblättern wie brüchig gewordener Lack. Dann spürt man plötzlich die Freude der Weihnacht pur und unverfälscht und stimmt gern mit ein in den Kehrvers „Gottes Sohn ist Mensch geborn".

„Quempas", das Wort ist aus den ersten Wortsilben des lateinischen Textes „Quem pastores laudavere" entstanden, meint den Brauch des Quempassingens, welcher schon seit Jahrhunderten vielerorts in Deutschland ein fester Bestandteil der Weihnachtsfeierlichkeiten ist. Entstanden in Ermangelung von Gesangbüchern, mussten Schüler früher den Gemeindegliedern Lieder vorsingen. Sie zogen von allen Seiten in die Kirche ein, damit jeder Gottesdienstbesucher die Texte gut verstehen konnte. Doch selbst wenn es Bücher gegeben hätte – viele der Besucher konnten schlichtweg nicht lesen.

Genau genommen ist „der Quempas" eine Zusammensetzung der Lieder „Quem pastores laudavere" und „Nunc angelorum gloria", während der Advents- und Weihnachtszeit durch Kinder und Kinderchöre zeilenweise alternierend in Gottesdiensten, Vespern oder Andachten vorgetragen. In manchen Gegenden wird auch statt der Prätorius-Übersetzung der Text von Paul Gerhardt „Kommt und laßt uns Christum ehren" bevorzugt. „Der Quempas geht um", hieß es früher zudem, wenn die Kinder nicht nur in Kirchen, sondern im ganzen Ort unterwegs waren, um ihre weihnachtliche Botschaft zu verkünden.

Teils von weit her strömen die Menschen nach Celle, um den Kindern zuzuhören, die Kirche ist dann oft voller als zu Weihnachten selbst, von anderen Sonntagen ganz zu schweigen.

Termine zu erfragen unter Telefon (0 51 41) 77 35 oder info@stadtkirche-celle.de
Standort und Navigation: Innenstadt, Stadtkirche Sankt Marien | Celle, Stechbahn oder An der Stadtkirche

91 Das Orchideenzentrum

Blütenvielfalt aus der ganzen Welt

Wissen Sie, was ein Bulbophyllum ambrosia ist? Nein? Wahrscheinlich können Sie sich auch unter einem Oncidium flexuosum oder der Maxillaria tenuifolia nicht allzu viel vorstellen. Macht nichts. Sie sind ja wohl auch kein „Orchideeologe“. Menschen jedoch, die von diesen besonderen Blumen etwas verstehen, gibt es einige in Celle und das seit über hundert Jahren. Einer der ersten war Heinrich Wichmann.
1897 gründete er eine Kunst- und Handelsgärtnerei in Celle. Bereits 1924 wurden dort erste südamerikanische Orchideen als Kulturpflanzen angeboten. Zunächst im Stadtteil Neuenhäusen angesiedelt, wurden die Wohn- und Gewächshäuser durch den Bombenangriff im April 1945 weitestgehend zerstört. Wichmann wagte einen Neuanfang. Dabei konzentrierte er sich nun ganz auf die Orchideenzucht. 1951 stellte er auf der ersten Bundesgartenschau in Hannover aus. Das Haus expandierte. 1980 erfolgte der Umzug nach Groß Hehlen. Der Betrieb liegt nun in den Händen der vierten Generation, zählt längst zu den größten Orchideenzuchtbetrieben in Deutschland und erhielt 2010 die Zertifizierung für „nachhaltiges Wirtschaften“ in Celle.
Viele tausend Orchideen-Gattungen sind bekannt, die Anzahl der Arten und Sorten geht in die Zigtausende und für viele Blumenliebhaber ist die Orchidee die Königin der Blumen schlechthin. Sie wächst überall auf der Welt und auf jedem Kontinent außer in der Antarktis und in Wüstengebieten. Der Großteil der Blumen ist in den Tropen und Subtropen von Südamerika bis Asien beheimatet. Doch auch Europa kann um die 250 Erdorchideen vorweisen, zum Beispiel im Hegau (Landschaft am Bodensee). Dort wachsen an die vierzig Arten, wie der „Gelbe Frauenschuh“ (Cypripedium calceolus), eine der prächtigsten wildwachsenden Orchideenarten Europas und in den Jahren 1996 sowie 2010 zur Orchidee des Jahres gekürt. In Niedersachsen wachsen ebenfalls viele wilde Orchideenarten, fast jeder kennt das gefleckte Knabenkraut (orchis maculata), welches auf unzähligen Wiesen zu finden ist. Alle, ausnahmslos alle wild wachsenden Orchideenarten sind in Deutschland (und auch anderweitig) streng geschützt! Mögen sie auch noch so schön sein – bitte diese niemals pflücken, ausgraben oder beschädigen! Wenn Sie Ihr Zuhause mit Orchideen verschönern möchten, greifen Sie zu Abkömmlingen tropisch gezüchteter Hybridkulturen. Für deren optimales Gedeihen wählen Sie einen hellen, nicht zu sonnigen Standort, wie nach Osten oder Westen weisende Fensterbänke. Meiden Sie Fußbäder und gießen Sie nur maßvoll ein- bis zweimal pro Woche und stets von oben.
Und wenn Sie nur schauen wollen: Wichmann bietet kostenlose Betriebsführungen an, dann können Sie beispielsweise auch die weiße „Phalaenopsis“, die „Schöne von Celle“, bewundern!

Weitere Infos: www.orchideen-wichmann.de
Öffnungszeiten: montags bis freitags 10 – 18 Uhr, samstags 10 – 15 Uhr, sonntags 10 – 12 Uhr
Führungen: jeden ersten Sonntag im Monat um 10 Uhr
Standort und Navigation: Groß Hehlen | Celle, Tannholzweg 1

92 Hofarchitekt Laves in Celle

Im Dienste seiner Majestät

Auch wenn es mit den Jahren im Celler Schloss etwas ruhiger geworden war, zum Repräsentieren war dies noch allemal gut genug. So auch für Ernst August I., ab 1837 König von Hannover und Nachfolger von Wilhelm IV., König von Großbritannien und Irland. Da Wilhelm keine erbberechtigten Nachkommen hinterließ, folgte ihm Ernst August auf den hannoverschen, seine achtzehnjährige Nichte Alexandrina Victoria auf den englischen Thron. Sie begründete damit das „Viktorianische Zeitalter". Tja, beinah wäre sie auch Königin von Hannover geworden, wäre da nicht die von den britischen Gesetzen abweichende, welfische Erbfolgeregelung (salische Gesetze) gewesen. Diese sahen nur einen männlichen Erben vor. Ernst August, Spross der welfischen Königslinie Braunschweig-Wolfenbüttel, musste einspringen und im gesetzten Alter von 66 Jahren als Regent in Hannover antreten. Damit war die 123 Jahre dauernde Personalunion zwischen England und Hannover beendet.

Der neue welfische König Ernst August, gebürtiger Londoner, machte sich keine großen Freunde im Volk, ließ er doch gleich bei Amtsantritt das liberale Staatsgrundgesetz seines Vorgängers canceln, womit er den empörten Protest der Göttinger Universitätsprofessoren gegen sich hatte. Er sah sich daraufhin dazu gezwungen, die „Göttinger Sieben" ihrer Posten zu entheben und teilweise des Landes zu verweisen. Aber das nur am Rande, es geht hier ja um den Architekten, Stadtplaner und Bauingenieur Georg Ludwig Friedrich Laves. Wenn schon König, dachte sich wohl Ernst August I., dann auch standesgemäß, und nutzte Celle gern als Zweitresidenz. Kaum also auf dem Thron, beauftragte er seinen Hofarchitekten, das Celler Schloss umzugestalten. Laves ließ den alten Treppenturm und Gänge auf der Hofseite des Ostflügels abbrechen und schuf ein geräumiges Treppenhaus mit zwei großzügigen Verbindungskorridoren. Das geschwungene „Laves-Treppenhaus" war nun wahrlich einem König angemessen. Die wunderschöne Treppe, heute noch zu sehen und einen gründlichen Blick wert, teilt sich in zwei Treppenarme, die dann wieder vereint zu den ehemals königlichen Gemächern führen. Die Kuppel, illusionistisch mit architektonischen Motiven bemalt, hütet die Ahnengalerie bis zum Senior Heinrich dem Löwen (um 1129–1195); das königliche Wappen mit Ernst Augusts Wahlspruch „Suscipere et finire" (angehen und beenden) fehlt natürlich auch nicht.

Ebenfalls ein architektonischer Hingucker in Celle: Die kögliche Reithalle auf dem Gelände des Landgestüts trägt auch die Handschrift von Laves und wurde von ihm in den Jahren 1838 bis 1840 erbaut. Laves (1788–1864) ist kein Unbekannter in der Gegend. Er galt seinerzeit als der Architekt des Königreichs und war Kopf der hannoverschen Stadtplanung. Sein Auftrag war es, den Ort vom „dicken Staub" des Mittelalters zu befreien und in eine moderne Großstadt zu verwandeln. Zudem entwarf er den „Laves-Balken", auch Fischbauch- oder Linsenträger genannt, eine stützenlose Brückenkonstruktion, wie beispielsweise die Augusten- oder Friederikenbrücke in Hannover.

Standorte und Navigationen:
Treppe im Schloss | Altstadt, Schlosspark Celle, Schlossplatz 1
Reithalle Landgestüt | Neuenhäusen | Celle, Spörckenstraße 10

93 Fachwerkzier in Celle

Sag' mir nur, wie alt du bist…

Fast 500 aufwändig restaurierte und Denkmal geschützte Fachwerkhäuser, das größte geschlossene Ensemble dieser Art in Europa, das ist Celles Altstadt. Erbaut wurden die Häuser überwiegend in der Zeit von etwa kurz vor 1500 bis um 1800.
Die verschiedenen Bauzeiten können Sie an ganz einfachen Merkmalen erkennen. Wenn Sie die Fachwerkfassaden betrachten, werden Sie feststellen, dass manches Haus zwei, andere drei oder gar mehr Stockwerke haben, einige haben einen Erker, die Fenstergröße variiert, die meisten stehen mit dem Giebel zur Straße, einige stehen traufständig (Dach zur Straße). Auf den Schwellen, so nennen sich die hölzerenen Querbalken, sind verschiedene Verzierungen zu sehen, teilweise mit Figuren oder Inschriften. Diese Merkmale und besonders die geschmückten Schwellen enthüllen die Bauzeit, wenn diese nicht durch Jahreszahleninschriften erkennbar ist.
Häuser beispielsweise, die vor 1530 entstanden, erkennen Sie am Treppenfries, manchmal begleitet von kleineren Figuren oder Rosetten. Danach, bis cirka 1550, wurden die Häuser mit einem wohl einzigartigen und nur in Celle bekannten Renaissance-Fries, einem Treppenfries mit (teilweise) abgerundeten Kanten, sowie Laub- oder Taustab verziert. Der Laubstab zeigt sich mit Blättern und Pflanzen umrankt, der Taustab sieht aus wie eine dicke Kordel. Auch die Schuppenornamentik tauchte nun erstmals auf, ebenso größere figürliche Darstellungen und Grotesken.
An Häusern datiert um 1580, ist die Eierstab- , Perlschnur- , Kettenband- oder Zahnschnitt-Ornamentik zu finden. Eierstab nennt sich die Aneinanderreihung von querovalen Gebilden, Perlschnur stellt abwechselnd lineare und runde Elemente dar, Zahnschnittfriese zeigen abwechselnd vor- und zurückspringende, auf den Kopf gedrehte, burgzinnenähnliche Formen. In dieser Zeit wurden auch die ersten Standerker (Auslucht), hier Utlucht genannt, verbaut, die Größe der Fenster nahm zu.
An Häusern aus der Zeit um 1580 bis 1600 dominieren an den Fassaden Diamantfriese (sehen aus, als wären geschliffene und bemalte Steine aneinandergereiht), Zickzackfries (nach unten offene, mit einer Spitze nach oben zeigende Dreiecke), leicht verfremdete Eierstab- oder Pfeifenornamente sowie Fächerrosetten (fächerartige Halbkreise, muschelähnlich). Die Bauten wurden nun häufiger traufständig errichtet.
Ab 1600 zeigen sich die Häuser zusätzlich mit Arabesken (ineinander verschlungene Pflanzenranken), Beschlagwerk und Rundbogenornamentik, die Friese jedoch verschwanden mehr und mehr von den Schwellen. Dafür zeigten sich nun vermehrt Inschriften, Zitate, Redensarten, Sinn- und Bibelsprüche sowie die Namen der Bauherren und -herrinnen.
Ab 1670 beginnt die Phase des „Fachwerk-Barocks", das Holzwerk wurde teilweise mit Farbe unkenntlich gemacht, alles sollte so aussehen, als wäre nur Steinmaterial verbaut worden.
So, nun können Sie losgehen und die Häuser der Altstadt ihrem Baualter nach ganz neu entdecken und betrachten! Viel Spaß dabei!

Standort und Navigation: Altstadt | Celle, Parkplätze und Parkhäuser | Schützenplatz, Bahnhof, Nordwall, Südwall, Congress-Union, Sägemühlenstraße, Im Kreise, Herzog-Ernst-Ring

94 Skulpturen 7

Kunst im Stadtgebiet

Siebte Runde Kunst im öffentlichen Raum in Celle:
„Atreus“ heißt „furchtlos“ und ist der Name eines mykenischen Königs. So taufte auch der Künstler Hartmut Stielow (Jg. 1957) aus Benthe bei Hannover seine Skulptur aus Stahl und Stein, zu sehen auf dem Verkehrskreisel in der Nähe des Bahnhofs. Stielow studierte Bildhauerei an der Universität der Künste in Berlin, lehrte als Dozent an der Werkakademie für Gestaltung in Hannover und ist Mitbegründer von „sculpture network“, einem Künstler-Netzwerk.
Im Kunstunterricht entstand 1997 „Elephant“, eine leuchtend blaue Metallplastik, die im Park vor dem Rathaus (Stadtpark) aufgestellt ist. Als Unterrichtsprojekt konzipiert, lernten Schüler des Technischen Gymnasiums sowie der BVJ der Axel-Bruns-Schule in Celle während des mehrjährigen Schaffensprozesses, der Theorie und Praxis gleichermaßen miteinbezog, plastische Entwurfgestaltung, Schweißtechnik, Korrosionsverhalten und Stabilität von diversen Materialien.
„Den ungenannten Männern und Frauen der Erdöl- und Erdgasindustrie als Dank und Anerkennung ihrer großartigen Leistung für diese Stadt“. So lautet die Inschrift auf der Skulptur „Ölarbeiter“, ein Geschenk der Firma C.A.T. Oil AG Wien an Celle und gleichfalls im Park vor dem Rathaus zu sehen. Die Skulptur stammt vom Münchner Grafiker, Restaurator, Maler und Bildhauer Peter F. Miller, der diese 72- jährig im Jahr 1997, in dem er auch auf Ibiza verstarb, schuf. Bekannt wurde Miller durch Statuen, die im Nymphenburger Park zu sehen sind, sowie seine Mitarbeit bei der Restaurierung der Münchner Oper und des Würzburger Doms.
Drei Lichtkunstbänke stehen seit 2006 am Brandplatz und neuerdings auch im Bahnhofsgebäude. Sie stammen aus der Werkstatt des italienischen Künstlers Francesco Mariotti. Praktische Sitzgelegenheit am Tage, bunt leuchtend (ein Zufallsgenerator sorgt für eine unterschiedliche Beleuchtung) in der Dunkelheit – so präsentieren sich die Bänke den Betrachtern. Der 1943 in Bern geborene Schweizer Künstler verbrachte seine Jugendjahre in Lima, Peru, studierte an der École des Beaux Arts in Paris und der Hochschule für bildende Künste in Hamburg. Als Dozent an der Kunsthochschule in Lima betreute er peruanische Kunstprojekte.
Dem Künstlerpaar Brigitte und Rainer Menke verdanken wir die „Kinetische Plastik“ vor der, hiesiger Duktus, „Landesfeuerwehrschule“ und 1974 geschaffen. Das Objekt zeigt vier Stelen auf einer Steinplatte und mit runden Metall- und Ringscheiben versehen, welche sich bei Wind bewegen. Kinetische Kunst heißt, dass Bewegung als gestalterisches Mittel eingesetzt wird und damit eine wichtige künstlerische Grundlage darstellt. Im Volksmund werden kinetische Dekorationen für zuhause auch einfach Mobile genannt. Der Hannoveraner Rainer Menke, Jahrgang 1940, absolvierte sein Studium für Malerei und Gebrauchssgrafik in Wuppertal. Brigitte Menke, 1942 in Stuttgart geboren, studierte „Freie Grafik“ und Gebrauchsgrafik in Stuttgart und Wuppertal. Seit 1965 sind sie gemeinsam freiberuflich tätig und auf „Kunst am Bau“ spezialisiert.

Standorte und Navigationen:
Atreus Neuenhäusen | Celle, Kreisel Bahnhofsplatz, Trift Biermannstraße
Elefant und Ölarbeiter Innenstadt | Celle, Am Französischen Garten 1 (vor Jugend- und Sozialamt)
Lichtkunstbänke Altstadt | Celle, Brandplatz und Bahnhof Celle
Kinetische Plastik Klein Hehlen | Celle, Bremer Weg 164 (Akademie für Brand- und Katastrophenschutz)

95 Das Marienwerderzimmer in der Ross'schen Villa

Ohne Heimat sind wir einer Felsenpflanze gleich…

„Die Heimat gehört zu unserem Körper, sie ist unser ätherischer Leib. Nur die Heimat kann ein Familienleben erzeugen, kann Sitten und sittliche Charaktere, kann Sinn und Verständnis für die Geschichte bilden. Ohne Heimat sind wir einer Felsenpflanze gleich, die ihre Nahrung allein aus den Lüften saugen muss. Wer uns die Heimat nimmt, schneidet uns die Gegenwart von der Vergangenheit ab, nimmt unserem Sinnen die gewohnten Anknüpfungs- und Anhaltspunkte, dem Körper den Boden unter den Füßen".

Diese Sätze schrieb der westpreußische Dichter Bogumil Goltz (1801–1870), sicherlich niemals ahnend, dass die Irrungen und Wirrungen der geschichtlichen Entwicklung nur einige Jahrzehnte später seinen Landsleuten genau diese Heimat für immer wegnehmen würden. Goltz, Sohn eines preußischen Verwaltungsbeamten, ging in Marienwerder, dem heutigen Kwidzyn, eine der zehn Partnerstädte Celles, aufs Gymnasium. Dieser Stadt ist das etwa achtzig Quadratmeter große „Marienwerder Zimmer" in der Roß'schen Villa gewidmet. Besonders sehenswert sind die Fotosammlung mit historischen Gebäuden sowie die Sammlung von Haus- und Stadtmodellen, darunter eines aus Kork. Urkunden, Fotos, Landkarten und vieles mehr geben Einblicke in den Ort, der Mitte des 14. Jahrhunderts entstand und südöstlich von Danzig und südlich der Marienburg gelegen ist. Die Stadt blieb in Kriegszeiten unzerstört. Erst nach Beendigung des Zweiten Weltkrieges, die Rote Armee nutzte die Stadt als Lazarettstadt, kam es zu mehreren Bränden in der Altstadt, die dadurch stark beschädigt wurde. Schlimm traf es vor allem jedoch die deutschsprachige Bevölkerung. Etwa zwölf bis vierzehn Millionen Menschen mit deutschem Pass wurden in den Jahren 1945 bis 1950 aus den damaligen Ostgebieten sowie Mittel- und Osteuropa vertrieben. Viele erlitten massivste Gewaltübergriffe, wurden verschleppt und getötet. Unzählige Kinder wurden zu Waisen- und sogenannten Wolfskindern, die sich teils kaum dreijährig, monate- und jahrelang allein durchschlugen. Diejenigen Menschen, die blieben, mussten jahrezehntelange demütigende Repressalien erdulden. (Siehe auch S. 184)

Die Initiative „Erinnerungsstätten in Westpreußen" hat es sich zur Aufgabe gemacht, Gedenkstätten für die frühere deutsche Bevölkerung zu entdecken, zu dokumentieren und publik zu machen. Es gibt viele davon.

Seit 2002 wird die Altstadt Kwidzyns auf historischem Grundriss wiederaufgebaut. Den ehemaligen Stadtbewohnern und stellvertretend all jenen, die während des Krieges Gewalt ertragen mussten, ihre Heimat verloren, ihre Häuser und Wohnungen, ihre Habe und ihre Schätze, ihre Lieben und ihre Freunde, ihre Unversehrtheit, ihre Verstorbenen und ihre Vergangenheit zurücklassen mussten, ist das „Marienwerder Zimmer" in Celle gewidmet. Trotz allen Leids haben die Menschen nie ihren Humor verloren. „Wer war der erste Flüchtling?", witzeln sie gerne grimmig, „der Mond. Er kam von Osten und hatte einen Hof."

ffnungszeiten zu erfragen unter (05141) 123 36 oder 9 36 00 10 oder unter
er Woche einfach vor Ort klingeln
tandort und Navigation: Innenstadt | Celle, Magnusstraße 2

96 Mit dem Stadtkirchenturmbläser über den Dächern der Stadt

Zum Sehen geboren, zum Schauen bestellt

Der Mann ist längst zum Wahrzeichen der Stadt geworden und gehört zu Celle wie die schiefen Balken der Häuser in der Altstadt. Zweimal am Tag, jahrein, jahraus, steigt er morgens um kurz vor halb zehn und nachmittags um kurz vor halb sechs die 235 engen Stufen im Turm der Stadtkirche Sankt Marien hinauf. Dann tritt er an die Balustrade in knapp achtzig Metern Höhe und zückt die Trompete. Die ersten Töne erklingen, in alle Himmelsrichtungen spielt er sein Lied. Das Repertoire ist vorgegeben – einen religiösen Bezug sollten die gespielten Stücke haben, Ausnahmen sind auf Wunsch gelegentlich möglich, Zugaben ebenfalls. So erklingen dann mancher Choral und das eine oder andere Lied vom Turm, Touristen bemerken es am ehesten noch, nur wenige Einheimische nehmen den Bläser wirklich noch wahr. Doch ab und an hält jemand inne, wendet den Blick nach oben, lauscht einen Moment und spendet schließlich Applaus. Der Applaus und die Aussicht sind der wahre Lohn. Der Blick über die Altstadt von Celle ist atemberaubend und das zu jeder Jahreszeit. Eng schmiegen sich die Dächer im Jahreslauf aneinander, von der ersten Frühlingsonne beschienen, in flirrender Sommerhitze, feucht von Herbstnebel oder im Winter von einer dicken Schneeschicht bedeckt.

Der Celler Stadtkirchenturm ist jung, Baujahr 1913, doch den Türmer, wie er früher genannt wurde, gab es hier bereits 1378 (urkundlich erwähnt); da allerdings blies er bis ins 18. Jahrhundert hinein vom Dach des Schlosses. Er hatte die Aufgabe, den Bewohnern der Stadt die vollen Stunden „anzuzeigen“ sowie vor Gefahren wie Feuer oder Überfälle zu warnen. Und das tat er, indem er das Horn blies oder eine Glocke schlug, eine Flagge schwenkte oder, bei Dunkelheit, mit einer Laterne Signale zeigte. Daraus entwickelte sich später übrigens das musikalische Turmblasen und wurde vielerorts bald eine populäre und beliebte Musikspielart. Das Choralblasen (eine Art musikalische Predigt, welche die Einwohner zum Mitsingen anregen sollte) geht auf die Zeit der Reformation zurück und war oder ist bis heute eher in protestantischen Gegenden üblich – in Celle nach längerer Pause wieder seit 1938. Nur zwei Celler Männer waren seitdem als Turmbläser tätig, Walter Milter begann als 31-Jähriger mit dem Turmblasen und blieb es, bis 1985 der zweite, Helmut-Dieter Lorchheim, seine Nachfolge antrat. Im März 2013 wurde das Celler Turmblasen, ebenso wie das Glockenspiel, in den NDR-Klang-Altas aufgenommen.

Zum Sehen geboren, zum Schauen bestellt, schrieb Goethe einst in seinem Türmerlied im „Faust II“. Dort lässt er den Türmer Lynkeus weiter sagen: „dem Turme geschworen, gefällt mir die Welt. Ich blick' in die Ferne, ich seh' in der Näh, den Mond und die Sterne, den Wald und das Reh. So seh' ich in allen die ewige Zier, und wie mir's gefallen, gefall' ich auch mir. Ihr glücklichen Augen, was je ihr gesehn, es sei, wie es wolle, es war doch so schön ...“.

Veiter Infos: www.stadtkirche-celle.de
Öffnungszeiten Turm: dienstags bis samstags 10 – 11.45 Uhr und 14 – 16.45 Uhr; /ährend Gottesdiensten nicht möglich. Eintritt für Erwachsene 1,00 €, Kinder 0,50 €, amilienkarte 2,50 €.
tandort und Navigation: Innenstadt, Stadkirche Sankt Marien | Celle, Stechbahn

97 Beim TuS Celle live dabei
Eine Stadt, eine Region, ein Verein

Nicht Bundesliga, aber immerhin, seit 2012 Oberliga und allemal Fußballgenuss pur, das versprechen die Spiele des TuS Celle FC e.V., wenn die Jungs den Ball keuchend und schwitzend über den grünen Rasen kicken. Das machen die Fußballer des Vereins schon seit 1945, als dieser mit den Vereinsfarben blau und gelb als Fußballabteilung des TuS Celle aus der 1933 verbotenen „Freien Turnerschaft und der Spielvereinigung", hervorging. Damals spielte man noch in der Heese im „Rotthagen" beim „Alten Kanal".
Die Neuanfänge nach Kriegsende waren ein Ball, ein einfacher Platz, beseelte Spieler und begeisterte Fußballfreunde – schnell wurde der Ort zum neuen Mekka des Celler Fußballsports. 1951 kamen ein Sportheim, Bande und überdachte Tribüne dazu, später ein Balkon, von dem Celler Fußballgeschichte verkündet wurde. Jahrzehntelang schrien von hier die Stadionsprecher und Reporter, die VIPs und Promis die Siege und Niederlagen der „Blaugelben" über den Platz. Und die Erfolge des Vereins schrien auch bald nach mehr Platz!
1991 wurde eine neue Sitztribüne für 4000 Zuschauer installiert, zusätzlich Stehtribünen aufgestellt. Im November 1992 folgte eine Flutlichtanlange. Das neu entstandene, hell erleuchtete Tribünenviereck war nun für den Ansturm von elftausend Menschen gerüstet und kann sich seitdem zu den größten Stadien in Niedersachsen zählen. Und sie kamen! Beispielsweise zum legendären Spiel im Oktober 1996 gegen Hannover 96 (nach fast 50 Jahren erstmals wieder), im Juli 2001 gegen den FC Bayern oder im September 2003 zum Derby gegen den Lokalrivalen SV Eintracht Celle (nach 56 Jahren erstmals wieder). Sie kamen auch im Mai 2006 zu einem Trainingsspiel zwischen Angolanern (während der Fußball-WM hatte die Mannschaft Quartier in Celle bezogen), einigen TuS-Spielern sowie einer Auswahl fußballbegabter und -begeisteter Celler.
Im Günther-Volker-Stadion, benannt nach dem Mann der „ersten Stunde", dem Celler Zahnarzt, ehemaligen TuS-Vorsitzenden (und das mit bereits 30 Jahren und etwa 30 Jahre lang) und Präsidenten des Landessportbundes (1983), wurde und wird seitdem dem gespannten Publikum bewegender Fußball mit vielen „Aufs" und „Abs" präsentiert. Von der zweit- und drittklassigen Regionalliga Nord, im Sommer 1980 dem Aufstieg zur Oberliga Nord, der dreifachen Quali für den DFB-Pokal, dem Titel „Niedersächsischer Fußballmeister" bis zum Niedersachsenpokalsieg 1981 war schon alles drin.
TuS Celle FC – eine Stadt, eine Region, ein Verein, so lautet der Slogan der Celler Fußballer. Und für echte Fans gibt's übrigens auch TuS Celle FC-Aufkleber in der Größe 7,4 x 10,3 cm zu kaufen!

Veitere Infos, Termine: www.tus-celle-fc.de
tandort und Navigation: Günther-Volker-Stadion | Celle, Nienburger Straße 28

98 Die Gerberwerkstatt in Groß Hehlen

Rares Handwerk in der Heidestadt

Vermutlich wird das Handwerk der Gerber- und Zurichterei solange betrieben, wie es Menschen auf Erden gibt. Belegt ist, dass bereits die alten Ägypter 5000 v. Chr. die Verarbeitung von Fellen und Häuten zu Leder kannten, die Griechen, Römer und Assyrer die wirtschaftliche Bedeutung der Lederherstellung nutzten und damit regen Handel betrieben. Im Mittelalter war Leder der absolute Hit, überall in Europa entstanden Lederwerkstätten. Die Betreiber jedoch hatten das Nachsehen. Es war ein „unreines“ Handwerk, stinkend, schmutzig und wurde damals als anrüchig angesehen, gesundheitsgefährdend war es obendrein. Ein Gerber (auch Lohgerber, Löher, Loher), ebenso wie ein Zurichter (Fellbehandler), der einmal den Milzbrand überlebt hatte, war allerdings sehr hoch angesehen und wurde besonders gut entlohnt.
Heute gibt es in ganz Deutschland noch vier handwerkliche Gerbereien, eine davon ist in Celle, im Ortsteil Groß Hehlen ansässig. Seit 1969 wird dort im familieneigenen Betrieb gegerbt und Pelz veredelt. Der junge Chef ist einer der letzten echten Gerber in ganz Europa und er hat Kunden auf der ganzen Welt. Doch das Handwerk stirbt aus. Denn bis aus Tierhaut Leder wird, müssen viele Arbeitsschritte vollzogen werden: Die Felle und Häute müssen im „Wasserraum“ markiert werden, dann weichen, auf dem Gerberbaum von Fett, Fleisch- und Blutresten entfernt und anschließend gepickelt (Bad in einer Lauge aus Wasser, Salz und Säure) werden. Dann erfolgt erst der eigentliche Gerbvorgang, eine Behandlung mit Stoffen wie Tannin oder Alaun. Diese bewirken, dass das in der Haut enthaltene Gelatine unlöslich wird und sich mit den Hautfasern verbindet. Es erfolgen eine Fettung, eventuell auch die Nachgerbung und Färbung, ein Trockengang und das Feuchtläutern (Anfeuchten mit feuchten Sägespänen). Dann geht's an die anstrengende Arbeit des Weichmachens. Dabei wird die gegerbte Haut in alle Richtungen gezogen und gestreckt (Bakeln), bis sie vollständig trocken ist. Dann kommen die Häute und Felle in den „Fertigmacherraum“. Nach dem Schleifen der Lederseite erfolgt dort weiteres Lufttrocknen, eventuell das Kämmen des Haarkleides und das Trockenläutern (diesmal mit trockenen Sägespänen). Der letzte Arbeitsgang ist das eventuelle Bügeln des Haarkleides.
Um 1700 entdeckte die Wissenschaft das Gerberhandwerk. Es wurde geforscht und Maschinen zur Rationalisierung wurden ebenso entwickelt wie neue Gerbmethoden. Es dauerte jedoch bis um 1840, bis tatsächlich die ersten industriellen Gerbereimaschinen zum Einsatz kamen. Gegen Ende des 19. Jahrhunderts entstanden fachbezogene Schulen wie in Freiberg. Wenige Jahre später entstand die „Deutsche Versuchsanstalt für Lederindustrie“. Freiberg wurde Europas Ausbildungszentrum in Sachen Gerberei. Heutzutage ist das Gerberhandwerk fast Geschichte, eine Schule gibt es längst nicht mehr.
Die Celler Gerberwerkstatt machte im Frühjahr 2013 von sich reden, als eine Mammuthaut (ca. 15.000 – 25.000 Jahre alt), gefunden in Jakutien (Sibirien), dort zwecks fachlicher Bearbeitung angeliefert wurde. Ein Blick in die Werkstätten lohnt sich.

Weitere Infos: www.pelzveredelung-hess.de
Öffnungszeiten: montags bis freitags 6 – 16 Uhr (im Sommer nur bis 14 Uhr); am Wochenende auf Anfrage, Führungen auf Anfrage möglich
Standort und Navigation: Groß Hehlen | Celle, Alter Celler Weg 8

99 Das Neustädter Holz und die Gaststätte Alter Kanal

Deutsche Dichtung vom Celler Stadtwald?

„Einigkeit und Recht und Freiheit für das deutsche Vaterland…"
Was hat das Neustädter Holz mit unserer Nationalhymne zu tun? Vielleicht gar nichts, doch möglicherweise ein ganze Menge. Am Südrand des Neustädter Holzes, dem etwa 730 Hektar großen Waldgebiet im Celler Westen, liegt die Waldwirtschaft „Am Alten Kanal". Wald wie Gaststätte waren im 19. Jahrhundert beliebte Ausflugsziele und auch der gebürtige Celler und Literaturhistoriker Karl Goedecke ließ es sich nicht nehmen, dort hin und wieder einzukehren. Er traf sich gerne mit dem 16 Jahre älteren Dichterkollegen August Heinrich Hoffmann von Fallersleben – vor allem zum Kegeln. Von Fallersleben schrieb das „Lied der Deutschen", dessen dritte Strophe bekanntlich der Text der deutschen Nationalhymne ist.
Es ist durchaus denkbar, dass die beiden Männer nicht nur in der „waldlichen Kaffeewirtschaft" beisammen saßen, sondern auch ausgedehnte Spaziergänge durch den Wald unternahmen, der heute zum Celler Stadtforst und zum Niedersächsischen Landesforst (Staatsforst Wienhausen) zählt. Vielleicht bewunderten sie auch schon damals die 22 heute denkmalgeschützten und über 260 Jahre alten „Huteeichen" an der ehemaligen „Alten Schäferei"? Oder sie begutachteten die Anpflanzung der jungen Föhren, die den Wald vor dem bedrohlichen Flugsand schützen sollten? Möglicherweise sonnten sie sich in der Caroline-Mathilde-Laube, einer Anpflanzung von fünf Linden, den einzigen weit und breit, nahe der Aller. Oder sie besuchten einen der Lieblingsorte der seinerzeit nach Celle verbannten dänischen Königin? Dabei sponnen sie an dem Text, der 1841 auf dem Jungfernstieg in Hamburg erstmals öffentlich gesungen wurde?
Hirngespinste? Nein, möglich ist alles. Das Waldgebiet, im Norden von der Aller, im Osten und Süden von Celle, im Westen von Hambühren begrenzt und durch die B 214 in zwei Hälften geteilt, mündet in die weiten Wälder, die sich kilometerweit süd- und westwärts erstrecken, und bietet Fußgängern wie Radfahrern auch heute noch abseits urbaner Hektik Ruhe und Erholung in friedvoller Natur. Und vielleicht auch die nötige Inspiration für ein neues Lied…

Standort und Navigation Waldgaststätte: Wietzenbruch | Celle, Zum Alten Kanal 2
Öffnungszeiten: dienstags bis samstags 11 – 23 Uhr (Januar bis März 12 – 21 Uhr), Sonn- und Feiertage 10 – 21 Uhr (Januar bis März 11 – 21 Uhr), Montags nach Vereinbarung – zu erfragen unter (0 51 41) 4 23 12.
Standort und Navigation Laube und Eichen (per Fuß/Fahrrad erreichbar) : Neustadt | B 214 Richtung Hambühren, Am Sportplatz (Achtung: es gibt in Celle zweimal den Straßennamen). Rechts in den Wald einbiegen, bis zur Kreuzung fahren, dann Fußweg rechts und gleich wieder links nehmen, den Herzogenstieg bis zur 4. Gabelung an der Aller entlang, dann links weiter, 1. rechts wieder zurück zum Auto, Länge ca. 2,5 km.

100 Der Braune Hirsch

Kult mit Tresen

Trotz des Umbaus vor einigen Jahren, welcher die urig-rustikale Atmosphäre stark verändert hat, der „Hirsch" ist und bleibt Kult – und zwar bei Jung und Alt und das auch nicht erst seit kurzem.

Bereits 1690 erhielt der Silberdiener (Hofbediensteter, dem die Verwaltung und Pflege des Silbergeschirrs obliegt) Peter Berend Haasen von Herzog Georg Wilhelm höchstpersönlich das Schank- und Krugrecht und „die Freiheit, auswärtige und fremde Biere zu verschenken" verliehen. Und so steht es reichlich umständlich formuliert in der Verleihungsurkunde: „Unserem Silber Diener Haasen und seinen Erben sothane Krug und Herbergier Gerechtigkeit also dergestalt, dass er und seine Erben den alhier in Unser Residentz gebrauten broyhan und in hiesiger Stadt brauendes Bier zusampt den behueff solcher Gäste aus der Stadt fordernden brandtewein auf beregtem Hoff verzapfen und versellen … Zu Uhrkund haben Wir dieses unser Privilegium und concession eigenhändig unterschrieben und mit Unserm Fürstl Cantzley secret bedrucken lassen … 9. September 1690 Georg Wilhelm."

Am Rande: Die im verliehenen Schreiben genannte Biersorte „Broyhan" ist nach dem Bierbrauer Cord Broyhan benannt, der 1526 in Hannover ein obergäriges helles Bier mit süßlich-saurem Geschmack erfand, welches nur aus Hopfen und hellem Gerstenmalz gebraut wurde und damals der Exportschlager Hannovers schlechthin war. Noch heute gibt es dort die Broyhanstraße.

Nirgends amtlich beglaubigt geschrieben steht, seit wann der „Hirsch", die seit über dreihundert Jahren durchgehend betriebene Gaststätte Celles, so heißt, wie sie heißt, doch warum sie so heißt, wie sie heißt, das erzählt eine nette Geschichte, deren Wahrheitsgehalt hin oder her, heute ohnehin nicht mehr zu überprüfen ist. Berichtet wird von einem Hirschen, der sich vor einer fürstlichen Jagdleidenschaft in genau dieses Haus geflüchtet haben soll. Die damalige Hausherrin stellte sich schützend vor das gejagte Tier. Beindruckt von so viel Mut seitens der Frau wie des Hirsches, entschied der Herzog, dem Hirsch das Leben und der Frau den Hirschen zu schenken. Zudem verfügte er, dass die Gaststätte ab diesem Tag nach dem Hirschen umbenannt werden sollte. Jener Hirsch starb angeblich hochbetagt mit einem letzten dankbaren Blick auf seine Lebensretterin …

So manches Bier und einige „Ochsenfetzen mit Knobisauce und Bratkartoffeln", für viele Celler die Spezialität des Hauses, seitdem 1980 die jetzige Inhaberfamilie das Gasthaus betreibt, sind schon über den dunklen Holztresen gewandert. So mancher Celler hat sein halbes Leben lang am und vor dem Zapfhahn gestanden. In jüngerer Zeit macht die Gaststätte auch mal von sich reden, wenn rockige Bands auftreten oder an Halloween und Silvester in den Räumen ordentlich gefeiert wird.

Kult sind dabei die Beständigkeit, das gute Bier und die solide Speisekarte, vielleicht aber auch die verzierte Holztafel, die der Silberdiener Haasen bereits 1691 anbringen ließ, versehen mit einem Spruch, der wohl schon damals die Gäste begrüßte: MIT GOTT ICH MEIN WERCK FANGE AN. MIR UEBELES NICHT AVS SCHLAGEN KAN.

Öffnungszeiten: täglich ab 18 Uhr, Tischreservierung Telefon (05141) 33169
Standort und Navigation: Hehlentor | Celle, Braunhirschstraße 21

Nachwort

An dieser Stelle bedanke ich mich sehr herzlich bei allen, die mir bei meinen Recherchen geholfen haben, besonders bei den Mitarbeiterinnen und Mitarbeitern der Stadt Celle, des Stadtarchivs, der Stadtbibliothek, der Museen, der Kirchengemeinden, verschiedener Firmen, von Vereinen, Institutionen und Organisationen sowie der örtlichen und regionalen Presse, den StadtführerInnen, BuchhändlerInnen und AntiquarInnen. Ich danke denjenigen, die ein Gruß- oder Vorwort verfasst haben. Ich danke allen weiteren, die mir mit Tipps und Ratschlägen aushalfen, mit mir ihr Wissen geteilt und mir Artikel, Bücher, Zeitschriften, Emails, Akten und sonstige Unterlagen zur Verfügung gestellt haben.

Für meine Beschreibungen habe ich sehr viel recherchiert, in Archiven gewühlt, Geschriebenes, Gedrucktes und Internetseiten eingehend studiert, sowie themen- und sachrelevante Informationen zu erwähnten Personen, Gegenden, Einrichtungen, Institutionen und Gegenständen einbezogen und mit eigenen Worten wiedergegeben.

Kennen Sie auch besondere „Orte" in Celle oder dem Cellerland?

Dann schreiben Sie mir doch einfach eine Email: cosima@cos21.de

Ich freue mich über alle Anregungen, Ratschläge, Vorschläge und Tipps! Ich habe mich nach bestem Wissen und Gewissen um eine richtige Darstellung bemüht und mir alle Orte gründlich angesehen. Sollten mir gravierende Fehler untergekommen sein, bitte ich um Zuschriften mit sachlichen Korrekturhinweisen.

Eine Stadt unterliegt vielen Veränderungen, ich übernehme für „meine Orte" jedoch keine Gewähr. Ich hoffe, dass Sie alles, was Sie sich anschauen möchten, wie beschrieben vorfinden mögen.

Cosima Bellersen Quirini

Celle, im Herbst 2013

Quellenverzeichnis

- Alex, Werner: Die Ausspannwirtschaften in der Altstadt von Celle, Celle 1989
- Allgemeines Krankenhaus Celle (Hrsg.): 1846 – 1996, 150 Jahre Allgemeines Krankenhaus Celle, Celle o. D.
- Arndt, Monika und Karl: Der Bildhauer Ferdinand Hartzer 1830 – 1906, Berlin 1986
- Atkinson, Catherine: Celle, Eine wehrhafte Stadt, Ausgrabungen an der ehemaligen Stadtbefestigung vor dem Hintergrund der frühneuzeitlichen Festungsgeschichte, Celle 1989
- Karl Baedeker: Baedekers Celle, Stadtführer, Ostfildern-Kemnat und München 1995
- Barenscheer, Friedrich: Die Hofnamen des Kreises Celle, Celle 1960
- Barenscheer, Friedrich: Taufengel in Niedersachsen, Celle 1972
- Beyse, Rudolf: Bäume aus aller Welt in den Parks der Stadt Celle, Celle 2006
- Bigalke, Hans Günther: Fachwerkhäuser, Verzierungen an niederdeutschen Fachwerkbauten und ihre Entwicklung in Celle, Hannover 2000
- Blazek, Matthias, Mathias Marsh: Celle – neu entdeckt, Celle 2007
- Blazek, Matthias, Hexenprozesse, Galgenberge, Hinrichtungen, Kriminaljustiz im Fürstentum Lüneburg und im Königreich Hannover, Stuttgart 2006
- Bomann-Museum Celle: 100 Objekte - 100 Jahre, Celle 1992
- Bomann-Museum Celle: Celle '45 – Aspekte einer Zeitwende, Celle 1995
- Bertram, Mijndert: April 1945, der Luftangriff auf Celle und das Schicksal der KZ - Häftlinge aus Drütte, Celle 1989
- Busch, Ralf: Celle in alten Ansichten, Zaltbommel/NL, o. D.
- Busch, Ralf: Die Burg in Altencelle, ihre Ausgrabung und das historische Umfeld erstmals vor 1000 Jahren genannt, Celle 1990
- Cassel, Clemens: Geschichte der Stadt Celle Bd. 1, Celle 1930
- Cassel, Clemens: Geschichte der Stadt Celle Bd. 2, Celle 1934
- Celler Hefte 1 – 2, ‚Hasenjagd' in Celle, das Massaker am 8. April 1945, Schriftenreihe RWLE Möller Stifung, Celle 2005
- Celler Hefte 3 – 4, Gedächtnislücken? Erinnerungs- und Gedächtniskultur nach 1945 in Celle, Schriftenreihe RWLE Möller Stiftung, Celle 2006
- Chronik: 100 Jahre Rudern am Ernestinum 1906 – 2006; 40 Jahre RC Ernestinum - Hölty Celle 1966 – 2006, Celle 2006
- Diehl, Rolf Dieter: Um fünf an der Pfennigbrücke, Geschichten und Anekdoten aus dem alten Celle, Band 1, Gudensberg - Gleichen 2007
- Diehl, Rolf Dieter: Um drei bei Talamini, Geschichten und Anekdoten aus dem alten Celle, Band 2, Gudensberg - Gleichen 2007
- Diehl, Rolf Dieter: Um zwei an der Dammaschwiese, Geschichten und Anekdoten aus dem alten Celle, Band 3, Gudensberg - Gleichen 2008
- Diehl, Rolf Dieter: Um vier am alten Kanal, Geschichten und Anekdoten aus dem alten Celle, Band 4, Gudensberg - Gleichen 2010

- Diehl, Rolf Dieter: Aufgewachsen in Celle in den 50er und 60er Jahren, Gudensberg - Gleichen 2009
- Dürre, Stefan: Seemanns Lexikon der Skulptur: Bildhauer, Epochen, Themen, Techniken, Leipzig 2007
- Christa Ellersiek, Wolfgang Becker: Das Celler Loch, Hamburg 1987
- Ende Michael, Müller Peter: Celle - Mittelalterliche Herzogstadt am Heiderand, Hamburg 2000
- Ende Michael, Müller Peter: Celle - Stadt und Landkreis, Hamburg 2007
- Enghausen, Egon, Maehnert, Carsten: Unterwegs im Neuenhäusen und seiner Geschichte, Celle 2002
- Enquist, Per Olov: Der Besuch des Leibarztes, Frankfurt 2011
- Evangelisch - lutherische Stadtkirchengemeinde Sankt Marien Celle: Mittendrin - 700 Jahre Stadtkirche Sankt Marien Celle, das Bilderbuch, Celle 2010
- Evangelisch - lutherischer Kirchenkreis Celle, evangelisch - reformierte Gemeinde Celle, katholische Kirchengemeinde Sankt Ludwig: Kirche in Celle, Beiträge zur Kirchengeschichte, Celle 1992
- Fallada, Hans: Damals bei uns daheim, Erlebtes, Erfahrenes und Erfundenes, Berlin 2001
- Fischer, Gernot: Celler Baudenkmale, Celle 2000
- Flick, Andreas, Maehnert, Sabine, Eckhart Rüsch, Steiner Norbert: Die Westceller Vorstadt, Celles barocke Stadterweiterung, Geschichte und Bauten: Celle 2010
- Flick, Andreas, Hack, Angelica, Maehnert, Sabine: Hugenotten in Celle, Katalog zur Ausstellung im Celler Schloß 9. April – 8. Mai 1994, Celle 1994
- Friedrich, Florian: Celler Kulturlandschaften, Rundgänge durch die Geschichte, Erfurt 2006
- Friedrich, Florian: Leben in Celle, Erfurt 2009
- Friedrich, Florian: Celle Stadt und Land, Zeitsprünge, Erfurt 2005
- Friedrich, Florian, Fischer, Peter: Celle entdecken und erleben - Das Lese– Erlebnis – Mitmachbuch für Kinder und Erwachsene, Bremen 2012
- Gesellschaft für christlich - jüdische Zusammenarbeit Celle e.V.: Jüdisches Leben in Celle nach 1945, Bielefeld 2005
- Galler, Christopher Manuel: Die Spinnhütte Celle im Nationalsozialismus, Arbeit und Rüstungswirtschaft in einem Musterbetrieb von 1934 – 1945, Bielefeld 2012
- Graßhoff, Fritz: Die große Halunkenpostille, Songs, Balladen, Moritate, alte und neue Verse, München 1963
- Graßhoff, Fritz: Bellmann auf Deutsch. Fredmans Episteln, Berlin 1995
- Günter, Michael: Celler Stadtgeschichte in Dokumenten und Bildern, Celle 1992
- Hälbig, Karsten: Das Kaiser - Panorama, Filiale von Berlin, Celle 1992
- Helmke, Friedrich, Hohls, Heinrich: Der Speicher, Heimatbuch für den Landkreis Celle, Celle 1978
- Hofmann - Weseloh, Helmut: Boye, Geschichte eines Dorfes und seiner Höfe,

Celle 1995
- Kirchengemeinde Sankt Ludwig: Festschrift zum 150 - jährigen Kirchenjubiläum St. Ludwig Celle, Celle 1988
- Klatt, Dietrich: Kunstwege, zu Plastiken, Skulpturen und Denkmälern im öffentlichen Raum der Stadt Celle, Celle 2007
- Klatt, Dietrich: Architekturmeile, Celle 2008
- Krohne, Georg: Geschichte des Hermann - Billung - Gymnasiums zu Celle, Celle um 1970
- Kwan, Elisabeth E., Röhrig, Anna E.: Vergessene Frauen der Welfen, Göttingen 2008
- Landkreis Celle und Sparkasse Celle (Hersg.): Spuren & Zeichen, Menschen im Celler Land erzählen und berichten, das neue Heimatbuch, Celle 1991
- Lass, Heiko: Das Schloss in Celle, Regensburg 2012
- Lausberg, Michael: Hugenotten in Deutschland. Die Einwanderung von französischen Glaubensflüchtlingen, Marburg 2007
- Leistungskurs Erdkunde am Gymnasium Ernestinum in Celle Abiturjahrgang 2003: Geopfad, zur Stadtentwicklung von Celle, 25 Exkursionspunkte zur Erkundung einer deutschen Mittelstadt, Celle 2002
- Lohwasser, Cornelia: Stadtwüstung Altencelle, die mittelalterliche Vorgängerstadt Celles mit Burg und Kirche, Script o. O. und D.
- Leitner, Thea: Skandal bei Hof, Frauenschicksale an europäischen Königshöfen, München 2000
- List, Wolfgang (Hrsg.): Erzähl doch mal was aus Westercelle, Celle 2012
- Maussner, Fritz, Köhler, Nils: Fußball in Celle, von den Anfängen bis 1945, die Fußballer des TuS Celle 1945 – 2001, Celle 2001
- McDowell, Susanne, Otto, Julia, Simon Robert (Hrsg.): Das erste 24 - Stunden - Kunstmuseum der Welt BEI NACHT. Lichtkunst in der Sammlung Robert Simon, Celle 2010
- Merian: Das Heft der Städte und Landschaften, 5. Jahrgang Heft 19, Die Lüneburger Heide Celle, Hamburg o. D.
- Merian: Das Heft der Städte und Landschaften, 7. Jahrgang Heft 11, Celle und die Südheide, Hamburg 1954
- Meyer Rasch, Carla: Alte Häuser erzählen, von Menschen und Schicksalen der Stadt Celle Bd.1, Celle 1972
- Meyer Rasch, Carla: Alte Häuser erzählen, von Menschen und Schicksalen der Stadt Celle Bd.2, Celle 1962
- Meyer Rasch, Carla: Alte Häuser erzählen, von Menschen und Schicksalen der Stadt Celle Bd.3, Celle 1974
- Moeck, Hermann, Hütter, Roland: Wirtschaft in und um Celle, Historie und Gegenwart, Celle 1995
- Möller, RWLE, Polster, Bernd: Celle, das Stadtbuch, Bonn 2003
- Möller, RWLE: Wo wir wohnen, Straßen in Celle, Celle 1995

- Möller, RWLE: Celle - Lexikon, von Abbensen bis Zwische, Hildesheim 1987
- Schaumberg, Gert: Die Glocken der Stadtkirche Sankt Marien in Celle, Celle 2009
- Otten, Dietrun: Miniaturen aus der Sammlung Tansey, Hrsg. von der Stiftung Miniaturensammlung Tansey im Bomann - Museum Celle, München, 2000
- Pape, Fritz: Der Weinbau im ehemaligen Fürstentum Lüneburg, Celle 1989
- Pape, Uwe: Die Orgeln der Stadt Celle, Berlin 2000
- Philipps, Carolin: Königin Caroline Mathilde von Dänemark: Die Geliebte des Leibarztes, München 2007
- Philipps, Carolin: Zwischen Krone und Leidenschaft, Berlin 2003
- Plaß, Heike: Celler Bier und Celler Silber – zwei Ämter und ihr soziokultureller Stellenwert in der Stadt Celle von 1564 bis zur Einführung der Gewerbefreiheit 1867, Celle 1990
- Pottker, Jan: Sara and Eleanor, The story of Sara Delano Roosevelt and her daughter - in - law, Eleanor Roosewelt, New York 2004
- Retter, Raimund: Altes Handwerk, Hannover 1993
- Ricklefs, Jürgen: Geschichte der Stadt Celle, Celle 1992
- Rohde, Reinhard, Wegener, Tim: Celle im Nationalsozialismus, ein topografischer Überblick, Celle 2007
- Rüsch, Eckhart: Das unbekannte Celle, hinter den Fassaden der Fachwerkstadt, Stadtstrukturen, Baubefunde, Forschungsansätze, Quedlinburg 2011
- Rüggeberg, Helmut: Geschichte der Stadt Celle im Rahmen der Niedersächsischen Landesgeschichte, Celle 2007
- Schulze, Rainer (Hrsg.): Zwischen Heimat und Zuhause, deutsche Flüchtlinge und Vertriebene in (West-) Deutschland 1945 – 2000, Osnabrück 2001
- Stadt Celle: Zur Geschichte der Juden in Celle, Celle 1974
- Stadt Celle: Juden in Celle, biografische Skzizzen aus drei Jahrhunderten, Celle 1996
- Stadt Celle und Bomann-Museum: Fritz Graßhoff - Maler und Poet, Celle 1993
- Steinbömer, Justus: Celle, Alte Bilder erzählen, Erfurt 1997
- Stöber, Martin: Im Wald und auf der Heide, ein jagdgeschichtlicher Exkursionsführer durch die Kulturlandschaft Lüneburger Heide, Husum 2006
- Streich, Brigitte, Sabine Mähnert: Über den Dächern von Celle,historische Fotografien, Gudensberg - Gleichen 2001
- Stumpf, Hans - Friedrich: Kernenergieforschung in Celle 1944/45, Die geheimen Arbeiten zur Uranisotopentrennung im Seidenwerk, Celle 1995
- Thieme, Werner: Hehlentor, ein Celler Stadtteil stellt sich vor, Celle 2006
- Tietze, Konrad: Vom Accouchir - Hospital zur Landesfrauenklinik, ein Rückblick anlässlich des 175 - jährigen Bestehens der Hebammenlehranstalt in Celle, Celle, 1959
- Totten, Christine: Die deutschen Wurzeln des Deutschhassers, Geschichte - Das Magzin für Kultur und Geschichte, Heft Nr. 6/1993, 19.Jahrgang

- Vinage, Renate du: Ein vortreffliches Frauenzimmer. Das Schicksal von Éléonore d'Olbreuse, der letzten Herzogin von Braunschweig - Lüneburg - Celle, Berlin 2010
- Vogel, Peter: Der kranke Heidjer, Von Hermannsburger Wunderärzten, Bademüttern, Dentisten, Provisoren, Sanitätern und anderen, Beiträge zur Geschichte des Gesundheitswesens allhier, Hermannsburg 1997
- Webermann, Wolfgang, Kniefreiem, Lorenz und Schmidt, Christoph: Celle, Zeitsprünge, Erfurt 2011

Fotohinweise

- S. 162 Celler Loch: JVA Celle
- S. 28 Anrudern: Cosima Bellersen Quirini
- Alle weiteren Fotos: Ulrich Loeper, Celle

100 besondere Orte in Celle - Übersichtkarten

Die Nummern stehen für die Orte, welche Sie dem Inhaltsverzeichnis entnehmen können.

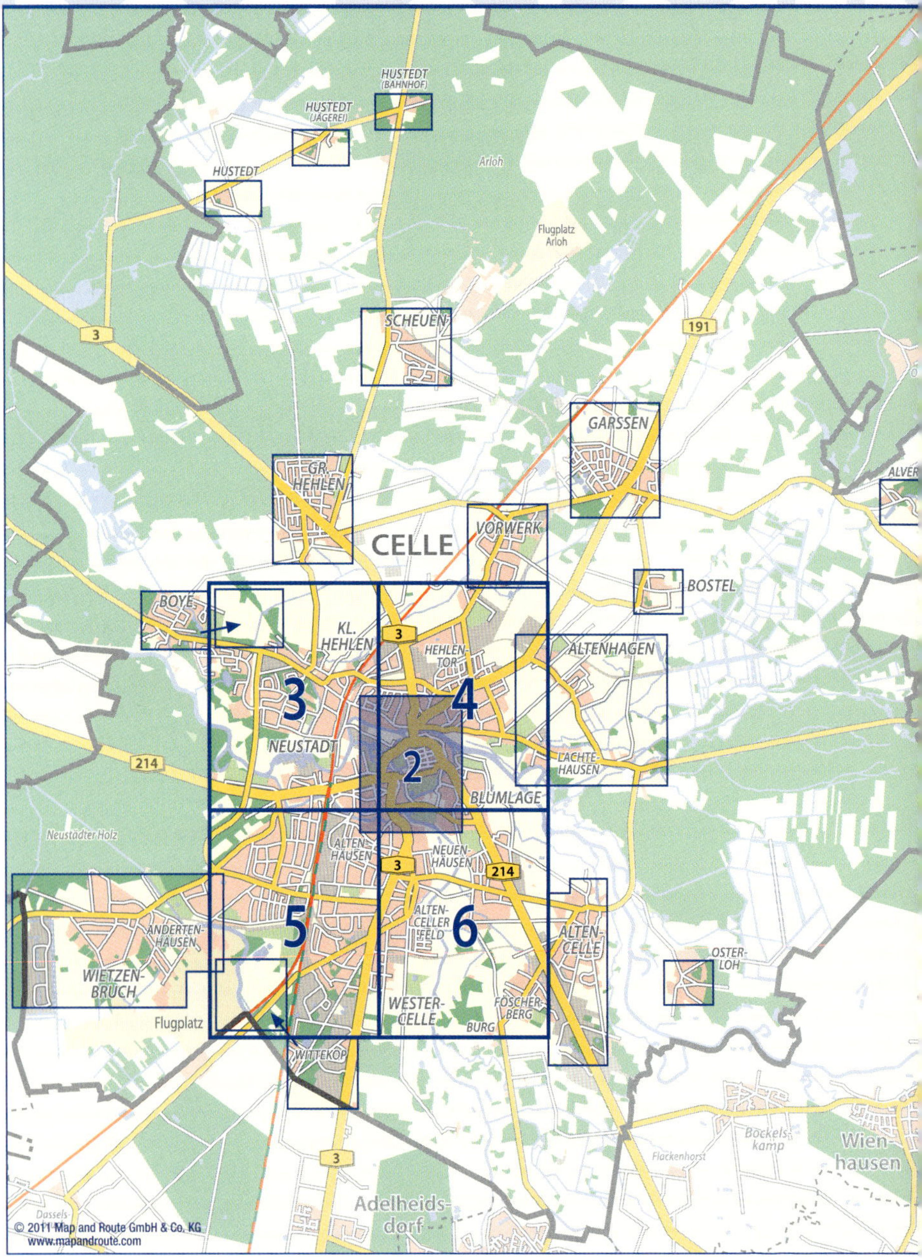

Map and Route
Rhegiusstr.
Sehndenstr.
Weingarten
Luhmannweg
Am Berge
Alter Bremer Weg
Düringstr.
Kreuzgarten
Lindenberg-str.
Hehlentor-schule
Sassen-garten
Wensestr.
Kita
Kapellenberg
Harburger Str.
Hartzerstr.
Gartenweg
Siemens-platz
Braunhirschstr.
Hodenbergstr.
Landes-sozial-gericht
Stadt-garten-amt
Lüneburger Str.
Berggartenstr.
Halkettstr.
Rauhe Gasse
Allgemeines Krankenhaus
Schlepegrellstr.
Mertens-str.
Spangenberg-str.
191
Wittinger Str.
Torplatz
Aller
Schützen-platz
Schießstand
1 Fritz-Grasshoff-Gasse
2 An der Stadtkirche
Urbanus-Rhegius-Haus
Schwestern-häuser
An der Dammaschwiese
Pfennig-brücke
Hafenstr.
Hafen
Neu-markt
Fritzenwiese
ADAC
Stadtgraben
214
Nordwall
Theo-Wilkens-Str.
Fritzenwiese
Weißer Wall
Mühlenstr.
Hehlentorstr.
Marktstr.
Geburtshs. A. Thaer
Schuhstr.
Brandpl.
Am Heiligen Kreuz
Kloster-gang
Ziegeninsel
Bootshaus
Fischer-deich
Zur Ziegeninsel
Rats-mühle
Kanzleistr.
Kalandg.
Neue Str.
Borchers-passage
Stadtk.
Rabengasse
Zöllnerstr.
Piltzergasse
Steintor
Schützen-haus
3
Schloß
Bomann-museum
Schloßplatz
Stechbahn
Poststr.
Mauernstr.
Alten-celler Tor-str.
Kleiner Plan
Amts-ger.
Behörden-haus
Thaer-denkmal
Rundestr.
Hoppener Haus
Bergstr.
Heringgasse
Im Kreise
Speicherstr.
Kataster-amt
Kreis-verw.
Lenthe-str.
Schloß-anlagen
Braun-haus-str.
Großer Plan
Robert-Meyer-Pl.
Synagoge
Sen.-tagesst.
Herzog-Ernst-Ring
St.-Georg-Str.
Blumlage
Trift
Thaer-platz
Marstall
Stechnelli-haus
Südwall
Bienen-forschungs-institut
Westcellertor-str.
Arno-Schmidt-Platz
Oberndorf u. Wedel Pass.
Herzogin-Eleonore-Allee
Wehl-str.
Am Alten Apothekergarten
Breite Str.
Reformierte Kirche
Bullenberg
Sand-krug
Stadt-bibl.
Stadtgraben
Sebastian-Kneipp-Weg
Italienischer Garten
René-Leduc-Weg
Kita
Sch.
DRK
Fundumstr.
Schackstr.
Congress Union Celle
St. Josef-Stift
Kanonenstr.
St. Ludwigs-Kirche
Magnusstr.
Französischer Garten
Neues Rathaus
Am Französischen Garten
Neuenhäuser Kirche
Ohagenstr.
Kaiserin-Auguste-Viktoria-Gymn.
Hannoversche Str.
Maulbeerallee
Kirchstr.
Schule
Schul-zentrum
Garnison-Kirche
Langensalza-platz
Erich-Eichelberg-Str.
Lisa-Korspeter-Str.
Wehlstr.
Else-Wex-Str.
Schornstein-fegergasse
Brunk-horststr.
Hostmannstr.
Emigrantenstr.
Hugenottenstr.
Martin-Luther-K.
Sägemühlenstr.
77er Str.
Jägerstr.
Zollamt
Celler Badeland
Minigolf-Anlage
Sozial- und Jugendamt
Dörrigs-garten
Schweden-brücke
randweg
Fuhse-
Emil-Ermshaus-Str.
August-Sagebiel-Str.
Niedersächs. Landgestüt
Spörckenstr.
Landgestütstr.
Reitbahn
Osteuropa-zentr.
CD-Kaserne
Burgstr.
Reitpl.
0 200 400 m
2011 Map and Route GmbH & Co. KG
www.mapandroute.com

1
2
3
A
B
C
D
BOYE
KL. HEHLEN
NEUSTADT
Kummerweg
Schulkoppel
Zum Schleusen-kolk
Boyer Weg
Wolthau-sener Weg
Hollenkamp
Am Grobe-bach
Kirchweg
Moorkamp
Moorkamp Kleiner Moorkamp
Elverskamp
Pastors Garten
Bruchbach
Am Schießstand
Kleingärten
Winsener Str.
Alter Garten
Sandtrift
Dammworth
Tennis-platz
Fuhren-stieg
Stein-beckweg
Dorfe
Im
Heid loh
Stülp-nagelstr.
Witzle benstr.
Winse-ner Str.
Yorckstr.
Geschwister-Scholl-Str.
Bon-hoeffer-str.
Goer-deler-str.
Witzlebenstr.
Rommel-str.
Stauffenberg-str.
Beckstr.
Hassell-str.
1 Reichweinstr.
2 Moltkestr.
Wilhelm-Heinichen-Ring
Bremer Weg
Niedersächs. Landesfeuerwehr-schule
Straßenmeisterei
Hollenkamp
Hämeen-linnastr.
Stein-berg-feld
Hehlener-Kirchweg
Vorkampstr.
Groß-
Dorfstr.
Krugstr.
Ackerstr.
Weghausstr.
Jugend-herberge
An den Wiesen
Langer hansstr.
Teichmühlenstr.
Petersburgstr.
An der Leegde
Bonifatius-str.
Dorf-str.
Allerkampstr.
Lindenstr.
Hügelstr.
Jüd. Frdhf.
Im Teinert
Heidbergweg
Lortzing-str.
Bachstr.
Zugbrückenstr.
Kaninchengarten
Vorwerker Bach
Kita
Eichen-grund
An der Beeke
Bremer Weg
Fußgänger-tunnel
Breitscheid-str.
D.-Bonhoeffer-Haus
Mieren-dorffstr.
Händelstr.
1 Tschaikowskyweg
Lisztstr.
Johann-Strauß-Weg
Heinr.-Schütz-Weg
Grieg-weg
Bugen-hagen-weg
Melanch-thonweg
Luther-weg
Prediger-seminar
West-markt
Leuschnerstr.
Witzlebenstr.
Leberstr.
Haydnstr.
Berlinstr.
Calvin-str.
Schule
Mendelssohn-str.
Beethovenstr.
Brahmsstr.
Mozartstr.
Schubertstr.
Bruckner-weg
Reger-weg
Schu-mannw.
Wagner-weg
Eggersweg
Ludemann-weg
Gudehusweg
Holsteweg
Tribünenbusch
Kampstr.
Biermannstr.
Artel-str.
Lindenstr.
Am Berge
Rhegius-str.
Aller-bogen
Alter Bremer Weg
1 Ahornweg
2 Lescourscher Garten
3 Nußbaumweg
4 Buchenweg
Landvolkverband Celle
Hafenstr.
Aller
Klärwerk Celle
Kirche der Siebenten-Tags-Adventisten
Schwicheldtstr.
Guizetti-str.
Speicherstr.
Justizvollzugs-anstalt
VHS
Kreis-verw.
Trift
Triftanlagen
Bahnhofs-platz
Bahnhofstr.
Celle-Hbf.
DB
Auf dem Kampe
Allergarten
Allerstr.
Neu-städter Kirche
Kita
Königs-wiese
Kuckuckstr.
Kirchhofstr.
Gehrken-gasse
Mittel-gasse
Erichs-gasse
Fuhserandweg
Fuhse
Texas
Walter-Bismarck-Sportanlage
Tennisplatz
Günther-Volker-Stadion
Wilhelm-Heinichen-Ring
214
Nienburger Str.
Neustadt
Stadtforst Celle
Schießstand
Grund- und Hauptschule
Bredenstr.
P
S
P+R
DAG
Kirchstr.
Alten-häusen
Behrens-gasse
Fuhsestr.
Ufer-str.
Celler Tafel
Stadtwerke
Niedersächs. Justizministerium
Trüllerstr.
Schackstr.
Past. Vogt.
Kita
Neuap. Kirche
Kirchstr.
Lönsweg
Fuhserandweg
0 200 400 600 m
© 2011 Map and Route GmbH & Co. KG
www.mapandroute.com
31
94
84
76
10
40
47
49
20
88
73
36
74
22
42
25
83
99
97
78
87

1
2
3
A
B
C
D
Tannholzweg
Talweg
Nordfeld
An der Sieckwiese
Tannhorst
Tannhorstweg
Heinhof
Celler Str.
Vorwerker Bach
Himmels-berg
Mummenhofstr.
Wasastr.
Teich-mühle
HEHLEN-
Hohe Wende
Sprengerstr.
R.-Hinüber-Str.
Neues Roland
Hogrevestr.
Gewerbe-gebiet
Hehlenkamp
Harburger
Kaserne
Telefunkenstr.
Hütten-str.
Im Rolande
Im Moore
An der Baumschule
Birnbaum-weg
Kirschen-weg
1 Quittenweg
2 Mirabellenweg
Lüneburger Heerstr.
Rohrskamp
Am Feuerwehr-haus
Lachtehäuser Str.
Sied-lungs-weg
Hermann-Löns-Str.
An der Ziegelei
Hüttenstr.
Heerstr.
Am Wasserturm
Dehningstr.
Hage-mannstr.
Bomannstr.
Ram-dohrstr.
Haesler-str.
Rotdornweg
Hasel-nuß-weg
Holunderweg
191
Altenhäger Kirchweg
Teichstr.
Schießstand
Agentur f. Arbeit
Bierwirth's Wiese
Holbaekstr.
Kohlmeyerstr.
Bauernkamp
SVO
Nöldekestr.
Klageskamp
Kricheldorff-Str.
John-Busch-Str.
Aussichts-turm
Lochteweg
Ro-landstr.
Sack-gasse
Hehlen-torstift
Tribunal-garten
Georg-Wilhelm-Str.
Feldw.
Kapelle
Stadtfriedhof
Dörnbergstr.
Schieblerstr.
Kirchweg
Kita
Petersburg-str.
Münz-str.
Linden-bergstr.
Kreuzgarten
Luhmannweg
Hehlentor-schule
Hodenberg-str.
Landessozial-gericht
Stadt-garten-amt
Otto-Palm-Str.
Im Rauhen Kranz
Prinzengarten
Institut für Kleintierzucht der Bundesforschungsanstalt
CELLE
Düring-str.
Sassen-garten
Wensestr.
Kapellen-berg
Hartzerstr.
Gartenweg
Braunhirschstr.
Lüneburger Str.
Berggartenstr.
Halkett-str.
Schlepegrell-str.
Altenhäger
Rudolf-Virchow-Str.
August-Bier-Str.
Behring-str.
Albert-Schweitzer-Str.
Siemens-platz
Rauhe Gasse
Allgemeines Krankenhaus
Schlepegrellstr.
Spangenbergstr.
Clemens-Cassel-Str.
Heb-beler-str.
Robert-Koch-Str.
Wachtelweg
Fasanenweg
Kleingärten Karlslust
Alter Bremer Weg
Torplatz
Wittinger Str.
Aller
Urbanus-Rhegius-Haus
Fritzenwiese
Pfennig-brücke
Am Hang
Albrecht-Thaer-Schule
Heilpflanzengarten
An der Dammaschwiese
Tennis-plätze
Im Güldenen Winkel
Berkefeldweg
Dünenweg
Fridagsweg
Schießstand
Neumarkt
Stadtgraben
Nordwall
Weißer Wall
Oberlandesger.
Rathaus
Schuhstr.
Brandpl.
Ziegeninsel
Bootshaus
Thaer's Garten
Rahtsmühle
Schloß
Schloßplatz
Stechbahn
Zöllnerstr.
Schützen-museum
Steintor
Fischerdeich
Otto-Schade-Sportanlage Saarfeld
Aller
Grauer Kamp
Am Tiergarten
An der Lachte
Freitagsgraben
Lachte
Lenthe-str.
Thaer-denkmal
Großer Plan
Bergstr.
Im Kreise
Synagoge
Herzog-Ernst-Ring
St.-Georg-Str.
An der Masch-kaserne
Thaer-platz
Westcellertor
Südwall
Bienen-forschungs-institut
Masch-platz
Französischer Garten
Stadtbibl.
Jugend-zentrum
Wehlstr.
Italienischer Garten
R.-Leduc-Weg
Blumlage
Am Alten Apotheker-garten
Grund- und Hauptschule
Blumläger Kirchweg
Fischerdeich
BLUMLAGE
Reformierte Kirche
Hannoversche Str.
Bullenberg
Kanonenstr.
Magnusstr.
Garnisonkirche
Maulbeerallee
Neues Rathaus
Brunkhorststr.
Sozial- und Jugendamt
Hostmannstr.
Schornsteinfeger-gasse
Mestwartstr.
Osterdeich
St. Josef Stift
Finanzamt
Sägemühlenstr.
Celler Badeland
214
St.-Annen-Str.
0
200
400
600 m

Kläranlage
Wilhelm-Heinichen-Ring
Lönsweg
Johanniter Seniorenheim
Berufsbild. Schulen
Kita
Fuhrberger Str.
DGB
Eickenrodtweg
Realschule
Heese
Heesepl.
Caroline-Mathilde-Str.
Ludwig-Hölty-Str.
Hattendorffstr.
Hattendorffsgarten
Sophie-Dorothee-Str.
Carstensstr.
Schule
Denickestr.
Riemannstr.
Meteorstr.
Wiesenstr.
Alte Grenze
Itagstr.
Niedersächs. Landesgestüt
NEUEN-
HÄUSEN
Kronestr.
Hornbostelstr.
Trakehnerstr.
Bultstr.
Nordtmeyerstr.
Spörckenstr.
Windmühlenstr.
Kreiswehrersatzamt
Ev. Kinderheim
Wittestr.
Behrenskamp
1 Elbinger Weg
2 Marienburger Weg
3 Küstriner Weg
4 Kolberger Weg
5 Stargarder Weg
6 Glatzer Weg
FH Wirtsch.
Lauensteinplatz
Lauensteinstr.
Welfenallee
Danziger Str.
Amelungstr.
Birkenhof
Birkenstr.
Hermann-Billung-Gymnasium
Hermann-Billung-Str.
Rostocker Str.
Liegnitzer Weg
Stettiner Str.
Tilsiter Str.
Memeler Weg
Königsberger Str.
Eltzestr.
Oesterleystr.
Kaulbachweg
Bienholdstr.
Schweriner Str.
Schulzestr.
Echtestr.
Blumenweg
Asternweg
Tulpenweg
Seelhorststr.
Malvenweg
Langnerstr.
Gerdingweg
Kortenumstr.
Städt. Bauhof und Fuhramt
Neuenhäuser Straße
Am Holzhof
Ungerstr.
Elderhorststr.
Mellingerstr.
Bachmannstr.
Stechinellistr.
Kreuzkirche
Fohlenweg
Waldweg
Schildenstr.
Waldfriedhof
Kapelle
Am Waldfriedhof
Hedwigskirche
Marienwerderallee
Von-Plauen-Str.
Balkstr.
Mareese
Salzastr.
Kniebergweg
Salaterei
Knipp-rodestr.
Grund- und Hauptschule
Kleiberwinkel
Herm.-Rüggeberg-Str.
Elsternstieg
Finkenstieg
Drosselstieg
Rehbockstieg
Gem.-haus
Amselstieg
Eulenpfad
Falkenweg
Krähenberg
7 Dahlienweg
8 Warnemünder Weg
9 Harberweg
10 Elbrechtweg
An der Hasenbahn
Zum Kiebitzsee
Vor den Fuhren
Im Schmaul
Grundschule
Fritz-Schmidt-Str.
Albertz-Str.
Carla-Meyer-Rasch-Str.
Sandfeld
Eichkamp
Ohlenhorst
Am Brückhorst
Mondhagen
Steinkopffweg
Landstallmeisterring
Kornhoffweg
Grenzweg
1 Kalneinweg
2 Staffhorstweg
Fuhsekanal
Kiebitzweg
Kleingärten Kiebitzsee
Kaserne
Flugplatz
Kleingärten Friedrichslust
Hasenkamp
Lüdkestr.
Dehwinkelstr.
Gießereistr.
Im Heidlande
Am Poggenpahl
Im Schelp
Dasselsbrucher Str.
Grundschule
Bruchhagen
Triftweg
Hannoversche Heerstr.
Westfeld
Ernst-Wiechert-Weg
Hermann-Hesse-Weg
Neues Land
Grüner Winkel
Riethweg
Kiefernweg
Reitplatz
An Schapers Eichen
Burgtorfsfeld
Ohlhorststr.
Helmut-Thiele-Str.
Dirschauer Weg
Sachsenweg
Haffstr.
Nettelbeckstr.
Katzbachstr.
Maschweg
Grafftring
Jugenddorf
Gewerbegebiet
Winkelmanns Graft
Heineckes Feld
Waldhaus
Wernerusstr.
Hunäusstr.
Rakyweg
Am Ohlhorstberge
Zur Fuchsfarm
Bromberger Weg
An der Koppel
WITTEKOP
WESTER-CELLE
Erdölwerk
Hörstenweg
Am Fuhsekanal
0 200 400 600 m
© 2011 Map and Route GmbH & Co. KG
www.mapandroute.com

1
2
3
A
B
C
D
Schweden-brücke
Fuhse-randweg
Hannoversche Str.
Ordnungs-amt
Emil-Ermshaus-Str.
Reitbahn
Fuhse-randweg
Osteuropa-zentr.
CD-Kaserne
August-Sagebiel-Str.
77er Str.
St. Georg-Garten
Dörrigs-garten
Kirche
Hospital St. Annen-Schulzestift
Kleingärten Hospitalwiesen
St. Georgs Kirche
1 Am Schulzestift
Kita
Spörckenstr.
Landgestütstr.
Grabenseestr.
THW
Finanz-amt
Ämter
Arb.-ger.
Bultwiese
Planckstr.
Goede-kestr.
Im Werder
Senator-Haacke-Str.
Fabricestr.
Münchhau-senstr.
Bernstorffstr.
Hannoversche Heerstr.
Landgestütstr.
Fuhserandweg
Burgstr.
Schulzentrum
Friedenskirche
Fuhse
Grüner Weg
Vogelsang
Galgen-
Rosen-
berg
Hugoweg
Rauterbergweg
Brabandtstr.
Lüder-Wose-Str.
Braunschweiger Heerstr.
Zu den Hospitalwiesen
Heinrich-Hüner-Str.
Gabels-bergerstr.
Hohe Lüchte
Hos-pital-str.
Hugues-weg
Langenbeck-str.
Osterdeich
Albert-Köhler-Str.
Kropshof
Apfelweg
Gewerbegebiet
Wederweg
Schmiedestr.
Mittelstr.
Fischerstr.
Blumen-str.
Ols-hausen-str.
Schleu-senweg
Lindenallee
Schul-str.
Real-schule
Grund- und Hauptschule
Kapelle
Nadelberg
Am Alten Rathaus
Stadt-archiv
Am Rehr
Westerceller Str.
Weißes Feld
Tuvestr.
Lüder-Wose-Str.
Bilder-beckstr.
Pastor-Kittel-Str.
Pegos-kamp
Altenceller Schneede
Baker-Hughes-Str.
214
3
Peters-kamp
Eilensteg
Otto-von-Boehn-Str.
Lei-ferts-horst
Kita
Ricklefs-str.
Leonhardt-str.
Windt-horststr.
Windt-horst-str.
ALTENCELLER FELD
Steinfurt
Altenceller Feld
Kapelle
Burg-vogtei-str.
Zum Alten Bad
Schützen-laube
Vogelberg
An der Darre
Zimme-reistr.
An der Christus-kirche
Christ.
Kita
Am Spiel-platz
Am Kiepenberge
Wilhelm-Hasselmann-Str.
Postweg
Südfeld
Spargelweg
Möh-renweg
Feld-str.
An der Fuhse
In den Hörsten
Eichhorststr.
Zur Bünte
Bienenstr.
Ringweg
Ringelhorst
Vogel-berg
Tauben-winkel
Freibad
Tennis-plätze
Schieß-stand
Tennishalle
Reit-platz
Breite Wiese
Celler Weg
Baumschulenweg
Haberwinkel
TÜV
Siede-meier-kamp
FÖSCHER-BERG
Allenstedts-kamp
Oderweg
Celler Heide
Pommernweg
Posener Weg
Treuburger Str.
Buch-finken-weg
Heidkamp
Lönspark
Danziger Weg
Burger Landstr.
Am Föscher-berg
Gem.-hs.
Mittel-weg
Lau-ben-weg
Eichen-weg
Belgarder Str.
Am Feldgraben
Wiesen-grund
Rudolf-Harbig-Str.
Hünen-weg
Zum Sport-heim
Föhrenweg
Schwarzer Weg
Altenceller Trift
Eiklint
0 200 400 600 m
Map and Route

1
2
3
A
B
C
D
HUSTEDT (BAHNHOF)
Gbf. Hustedt
Richtung Salinenmoor
Rebberlaher Weg
Wulfhornsberg
Kleiner Damm
Im Gehege
Begegnungsstätte
Zur Jägerei
Am Sägewerk
HUSTEDT
Schießstand
Gutsweg
Wittbecker Str.
Klinkenweg
Felicitas-Rose-Str.
An den Höfen
Schlafweg
Alt Hustedt
Brackenweg
Heimvolkshochsch.
Unter den Eichen
Sch.
HUSTEDT (JÄGEREI)
Grimms Hof
Schaftrift
Im Eck
Hadelnweg
Jägereischer Kirchweg
Waldkaterweg
Waldkaterring
Schlafweg
Buchholzberg
Niemeyerstr.
Kantor-Schmidt-Str.
Hone-mannstr.
Krähenberg-weg
Tenniscenter
Tennisplatz
Am Sportzentrum
Scheuener Str.
Ziegelei
Jägerweg
Forstweg
Im Heege
Wildweg
Hustedter Weg
Birkenweg
Wilshornsfeld
Wacholderweg
Machandelweg
Eichhain
Maronenweg
Ostlandweg
Hehlensloh
Düpmoor
Waldkater
Fuchswinkel
Kerngersweg
Ilexweg
Grund- und Hauptschule
Lehmhorstweg
Sandfuhrenweg
Im Loh
Heideweg
Krähenbergweg
Am Sportplatz
Celler Str.
Schnepfenweg
Am Brunnen
Starenwinkel
Drosselweg
Koopmannsfeld
Kastanienweg
Göpelweg
Lange Str.
GR. HEHLEN
Alt Groß Hehlen
Kapelle
Alt Groß Hehlen
Kita
Zur Hasselklink
Bürgermeister-Heine-Str.
Langes Feld
Zum Thingplatz
Eckernweg
Schlingweg
Zur Alten Schmiede
Alter Celler Weg
Boyer Weg
Riete
Fritschstr.
Am Stellhorn
Westerberg
Flachsgärten
Schießstand
Reitstall
An der Lake
Hermannsburger Weg
Reiherhorst
Kita
Gbf. Scheuen
Winsener Weg
Arlohstr.
Grundsch.
Blöcken
Schnuckendrift
Gerhart-Hauptmann-Str.
Käthe-Kollwitz-Str.
Dr.-Lise-Meitner-Str.
Walter-Winkelmann-Str.
Birkhorst
Wasserwerk
SCHEUEN
Breiten Eichen
Theodor-Zöckler-Str.
Erikaweg
3
10
40
55
71
84
98
0
200
400
600 m
© 2011 Map and Route GmbH & Co. KG
www.mapandroute.com

Berufsbildende Schule
Trinkhorstweg
ALTEN-HAGEN
Wasserwerk
Im Bulloh
Bruchstr.
Am Silber-berg
Dahlgrund
Im Brock-hold
Fuhrmanns Birken
Dietweg
Am Grandberg
Grand-bergweg
Berkefeldweg
Gem.-zentr.
Kita
Lohkamp
Osterkamp
Freitagsgraben
Lachtehäuser Str.
Am Freitagsbach
Lontzek-weg
Wittinger Str.
Im Schul-garten
LACHTE-HAUSEN
Häusbugenweg
Lachte
Immenhof
1 Finkenherd
2 Am Försterbach
Im Bruhle
Oher Weg
Jägerberg
Märchen-wald
Alvernscher Bach
Park-weg
Alverdingk
Weidenweg
ALVERN
Beeden-bosteler Weg
Camping-platz
Bosteler Kamp
Umspannwerk
Ziegelkamp
Kapelle
Straßen-kamp
Teilkamp
Böhne-berg
Uetz-kamp
Vogel-beer-weg
Gartenkamp
1 Am Kreuger
Grashof
BOSTEL
Am Umspannwerk
Tränkeweg
Rümteweg
Gr.Wiesenweg
Brennmoor
Zum Hartsteinwerk
Stellwerksweg
An der Eisenbahn
Richtung Escheder Str.
191
Riethkamp
Zum Hartsteinwerk
Garßloh
Celler Heerstr.
Flachsberg
Gersnethe
Hamburger W.
Oster-bergs Feld
Eick-damm
Groß-Hehlener-Weg
Mummenhof
Garßener Weg
Zum Silbersee
St.-Johannes-Kirche
Ströherstr.
Ströher Str.
Klaus-Groth-Weg
Everettstr.
Meudonstr.
Tavistockstr.
Mummenhofstr.
Wilhelm-Busch-Weg
Reuterweg
Fontaneweg
Raabeweg
Tennisplatz
Grund-schule
Eselsweg
Schieß-stand
Vorwerker Platz
Bosteler Weg
Sohnrey-weg
Speck-mann-weg
Söhleweg
Tannhorstfeld
Twacht-mannshof
Eschen-worth
Weberstieg
Freudenthalweg
Am Poggenteich
Karrenweg
VORWERK
Oderstr.
Alter Ziegeleiweg
Zeisigweg
Häher-weg
Rebhuhn-weg
Sperlings-lust
Warthestr.
Neiße-str.
Masuren-str.
Bürgermeister-Sohnemann-Pl.
Purgold-str.
Stölp-moor
Staatsmoor
Schoop-wäsche
Kantstr.
Von-Stephan-Str.
Geibel-str.
Lerchenweg
Stieglitz-weg
Binsen-weg
Wittenberg-
GARSSEN
Amsel-weg
Meisenweg
Schinder-berg
Sperlingslust
Koppelweg
Kita Grundsch.
E.-Kästner-Sch.
Quellweg
Kuh-berg
Alvernsche Str.
Markus-K.
Grauenbarge
1 Im Winkel
Twech-ten
Königstr.
Hühner-berg
Hundehoopsfeld
0 200 400 600 m
Map and Route

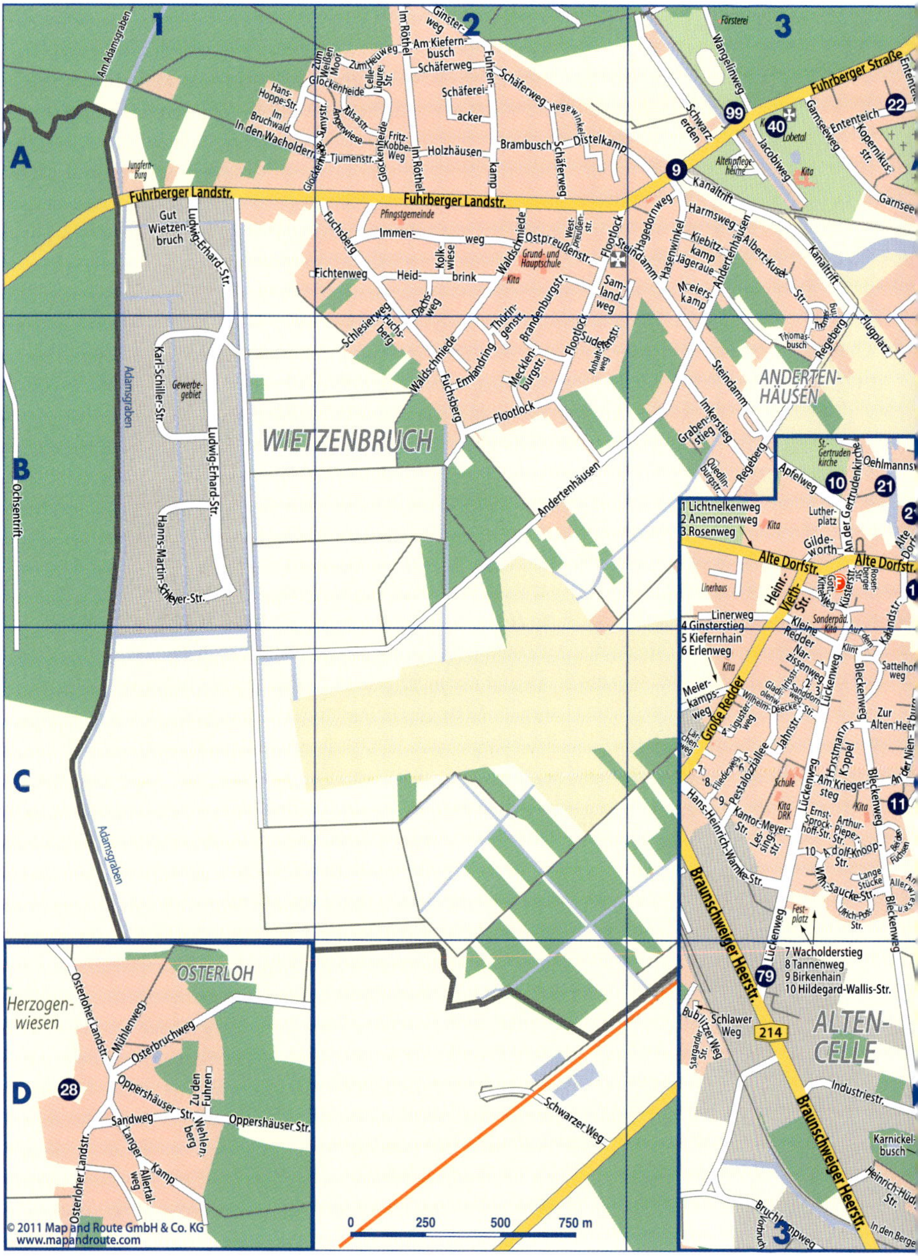
1
2
3
A
B
C
D
WIETZENBRUCH
ANDERTEN-HÄUSEN
ALTEN-CELLE
OSTERLOH
Herzogen-wiesen
Fuhrberger Landstr.
Fuhrberger Straße
Braunschweiger Heerstr.
214
Am Adamsgraben
Adamsgraben
Ochsentrift
Gut Wietzen-bruch
Ludwig-Erhard-Str.
Karl-Schiller-Str.
Gewerbe-gebiet
Hans-Martin-Schleyer-Str.
Jungfern-burg
Hans-Hoppe-Str.
Im Bruchwald
In den Wacholdern
Glockenheide
Zum Weißen Moor
Zum Heuweg
Celle-Ligure-Str.
Im Röthel
Ginster-weg
Am Kiefern-busch
Schäferweg
Fuhren-kamp
Schäferei-acker
Holzhäusen
Brambusch
Schäferweg
Hegewinkel
Distelkamp
Samystr.
Tilsastr.
Jägerwiese
Fritz-Kobbe-Weg
Tjumenstr.
Pfingstgemeinde
Fuchsberg
Immen-weg
Fichtenweg
Kolk-wiese
Heid-brink
Waldschmiede
Ostpreußenstr.
West-preußen-str.
Grund- und Hauptschule
Kita
Flootlock
Steindamm
Sam-land-weg
Dachs-weg
Schlesierweg
Thüringenstr.
Brandenburgstr.
Sudetenstr.
Anhalt-weg
Emlandring
Mecklen-burgstr.
Flootlock
Andertenhäusen
Hagedornweg
Hasenwinkel
Kiebitz-kamp
Jägeraue
Meiers-kamp
Harmsweg
Andertenhäusen
Albert-Kusel-Str.
Kanaltrift
Schwarz-erden
Wangelinweg
Försterei
Altenpflege-heime
Jacobiweg
Lobetal
Kita
Garnseeweg
Ententeich
Kopernikus-str.
Garnsee
Flugplatz
Thomas-busch
Regeberg
Steindamm
Imkerstieg
Graben-stieg
Quedlin-burgstr.
Regeberg
St.-Gertruden-Kirche
Apfelweg
Oehlmanns
Luther-platz
An der Gertrudenkirche
Gilde-worth
1 Lichtnelkenweg
2 Anemonenweg
3 Rosenweg
Alte Dorfstr.
Linerhaus
Heinr.-Vieth-Str.
Küsterstr.
Rosen-berger Str.
Linerweg
4 Ginsterstieg
5 Kiefernhain
6 Erlenweg
Kleine Redder
Sonderpäd.
Nar-zissenweg
Klint
Auf dem
Sattelhof-weg
Meier-kamps-weg
Große Redder
Ligusterweg
Wilhelm-Deecke-Str.
Sanddornweg
Lückenweg
Bleckenweg
Zur Alten Heer
Lerchenweg
Fliederweg
Pestalozziallee
Jahnstr.
Horstmanns Koppel
An der Nien-burg
Am Kriegersteg
Hans-Heinrich-Wamke-Str.
Kantor-Meyer-Str.
Lessingstr.
Schule
Kita DRK
Ernst-Sprockhoff-Str.
Arthur-Pieper-Str.
Bleckenweg
Adolf-Knoop-Str.
Wm.-Saucke-Str.
Lange Stücke
Festplatz
7 Wacholderstieg
8 Tannenweg
9 Birkenhain
10 Hildegard-Wallis-Str.
Lückenweg
Bublitzer Weg
Schlawer Weg
Stargarder Str.
Industriestr.
Karnickel-busch
Heinrich-Hüdl-Str.
Bruchkampweg
In den Berge
Schwarzer Weg
Osterloher Landstr.
Mühlenweg
Osterbruchweg
Oppershäuser Str.
Zu den Fuhren
Sandweg
Langer Kamp
Wehlenberg
Allertalweg
9
99
40
22
10
21
11
79
28
0
250
500
750 m
© 2011 Map and Route GmbH & Co. KG
www.mapandroute.com

Zur Autorin

Cosima Bellersen Quirini, geboren in Freiburg/Breigau, und in Singen, in der Nähe des Bodensees, aufgewachsen, lebt seit 1987 in Celle im Stadtteil Hehlentor, ist mit einem Mediziner verheiratet und mehrfache Mutter. Seit einigen Jahren arbeitet die ausgebildete Buchhändlerin und Mediatorin überwiegend als Autorin. Ihre Themen sind Celle, Medizin, Geschichte, Kochen, Krimi, Liebe und Lyrik sowie alles rund um das Thema „Selber machen" – von A wie Aprikosenölseife bis Z wie Ziegenkäse.

www.cos21.de

Zum Fotografen

Ulrich Loeper, geboren in Celle, verbrachte seine Kindheit im Neustädter Holz (AGFA Click), die Jugend am Billung (Praktika LTL), gewann geistige-kulturelle Einblicke an der Uni Hamburg (Yashica FR I), erste professionelle Fotoschritte im Studio Hamburg (Contax RTS), Elternzeit mit zwei Kindern in Celle (Mamiya RB/RZ 67). Seit 1985 Fotograf für Museen und Sammlungen, Industrie und Werbung (Sinar/LEAF).

Letzte Veröffentlichungen: Die Celler Schlosskapelle (2012)
Sammlung Robert Lewitzki Afrikanische Kunst (2012)
Kloster Wienhausen Die gotischen Bildteppiche (2011)
Ausstellungskataloge Schlotterstiftung (2011, 2013)

www.fotostudio-loeper.de

Geplant sind weitere Bände mit folgenden Titeln:

- 100 besondere Orte im Celler Land
- 100 weitere besondere Orte in Celle
- 100 Straßennamen in Celle und ihre besondere Bedeutung
- 100 weitere besondere Orte im Celler Land
- 100 Namen, die Celle besonders geprägt haben
- 100 besondere Rezepte Celler Persönlichkeiten
- 100 noch weitere besondere Orte in Celle

Für aktuelle Informationen zu den
Orten scannen Sie bitte den QR-Code.

Platz für eigene Notizen: